아무튼
제주

아무튼
제주

초판1쇄 2024년 5월 27일 **지은이** 엄봉애 **펴낸이** 한효정 **편집교정** 김정민 **기획** 박화목 **디자인** purple **일러스트** Freepik **마케팅** 안수경 **펴낸곳** 도서출판 푸른향기 **출판등록** 2004년 9월 16일 제 320-2004-54호 **주소** 서울 영등포구 선유로 43가길 24 104-1002 (07210) **이메일** prunbook@naver.com **전화번호** 02-2671-5663 **팩스** 02-2671-5662 **홈페이지** prunbook.com | facebook.com/prunbook | instagram.com/prunbook

ISBN 978-89-6782-214-9 03910
© 엄봉애, 2024, Printed in Korea

*책값은 뒤표지에 있습니다.

이 도서의 국립중앙도서관 출판예정도서목록(CIP)은 서지정보유통지원시스템 홈페이지(http://seoji.nl.go.kr)와 국가자료공동목록시스템(http://www.nl.go.kr/kolisnet)에서 이용하실 수 있습니다.

엄
봉
애
지
음

아무튼
제주

일 년 의 반 은 제 주 살 이

푸른향기
Phunhook Publishing Co.

제주살이의 시작은
망설임이었다

　남편의 친구가 제주로 초대를 했다. 레지던스 호텔을 하나 얻었는데, 방이 두 개이니 거기 와서 같이 지내자고 한다. 7박 8일이라니 긴 시간은 아니나 그래도 정리가 필요한 일들이 있어, 잘 마무리를 해놓고 비행기를 탔다. 공항으로 마중 나온 친구와 만나 오랜만에 술도 한잔하고, 아이들의 이야기도 나누고 서로의 근황을 전하며 편안한 시간을 보냈다.

　어느 날, 남편 친구가 말했다. 여기서 한달살이를 해보면 어떻겠느냐고. 친구에겐 이제 좀 긴 시간의 휴식과 여유가 필요할 거라고. 나 역시 오래전부터 남편이 무엇에도 구애받지 않는 혼자만의 시간을 갖게 해주고 싶긴 했다.

　올 수 없다면 그건 아마 네 아내 때문일 거라고 약을 올리며, 그는 자기 친구가 정말 불쌍하다고 도발했다. 연줄같이 걸린 일들을 모두 포기하고 올 수 있겠냐며. 단언컨대 한달살이는 못 할 거라고 계속 염장을 질렀다. 이 부부는 이미 제주는 물론이고, 동남아시아의 여러 나라에서 한달살이나 6개월 살이까지 하는 중이었다.

이튿날엔 자기 마음에 드는 집이 하나 있는데 보러 가잔다. 검은 돌담 안쪽으론 파랗게 깔린 잔디가 있고, 거기에 아주 오래되어 비와 햇살에 뒤틀린 나무 벤치가 하나 놓여 있었다. 마당 한구석에 몽당빗자루도 보인다. 그걸로 잔디 위에 떨어지거나 날아온 낙엽들을 쓸어내기엔 안성맞춤이겠다. 잔디 옆으로 하귤나무 두 그루가 황금빛 열매를 주렁주렁 달고 있었고, 하늘 꼭대기까지 키가 닿을 듯 늙은 종려나무가 위엄 있었다.

서귀포시를 조금 벗어난 위미라는 동네였다. 십 분만 걸으면 집 뒤로 바다가 있었고, 동네는 한적하며 대추야자나무가 늠름한데, 그 나무들은 시침을 뚝 떼고 하와이인 척하며 서 있었다. 검은 화산석을 쌓아 올린 담 위로는 채송화가 알록달록 통통하게 피어있고, 지면패랭이가 담 위를 덮고 있었다.

조금 비싸긴 했지만, 남편은 조용해서 좋다며 반기고, 나는 비 맞아 뒤틀린 나무 벤치에 아침마다 앉아 있고 싶어졌다. 햇살이 살금살금 돌담을 기어오르고 다시 그만큼 내려와 자그마한 잔디밭에서 곰실거리며 기다란 창으로 들어오는 집. 빨랫줄에 흰 수건을 빨아 널고는, 깊고 편안한 잠을 잘 수 있을 것 같았다. 내가 하던 일들, 내

게 잠시 소중하고 귀하게 여겨졌으나 생각하면 또 아무것도 아닐 수 있어 꼭 해야 한다는 집착을 버린다면 어려울 것도 없었다.

그래! 결단을 내릴 때는 단순하게 생각하는 것이 첫째다. 주변의 것들을 하나씩 내려놓기 시작했다. 3년 만에야 간신히 소리를 내기 시작한 악기며, 적성이나 재주 유무와 상관없이 매달리던 그림을 내려놓았다. 내게 필요할 거라 여겼던 일들을 나의 자유와 맞바꾸기로 했다. 지금 거창하게 자유를 말하는가. 그러잖아도 너무 방만한 자유에 하루 종일 치여 있었으면서 말이다.

가진 게 너무 많으면 모두를 그 자리에 두고 쉬이 떠날 수 없다. 그래도 한번 해보고 싶었다.

그렇게 시작된 제주살이는 가난할 때는 한 달을 살았고, 조금 부자일 때는 두 달 살이로 번갈아 가며 오가게 되었다. 덕분에 제주의 아름다운 계절을 모두 볼 수 있었다.

남편과 나는 삶의 모습도 휴식의 형태도 달라 좁은 공간에서 잘 살아낼 수 있을까, 걱정스럽기도 했다. 남편은 편안한 한 군데를 정해놓고 책을 보거나 낮잠에 들고, 산책을 하다가 배가 고파지면 밥을 먹고 아무런 목적도 갖지 않은 시간을 휴가라 정의한다. 나는 돈을 들여 어렵게 온 길이니, 많은 것을 보고 듣고 걷고, 흔한 말로 뽕을 빼고 가야 한다는 주장이었다.

그러다 보니 우리를 잘 아는 사람들은 하루 종일 남편하고 어떻게 둘이 지내냐고, 싸우지 않겠느냐고, 지금까지 같이 산 남편하고 또 같이 지내야 하는 나를 염려했다. 흠, 모르는 소리, 너희도 한번 해 봐. 여긴 남편의 영역이 아니잖아. 그 역시 숨 쉬는 일처럼 익숙했던 모든 것으로부터 홀로 뚝 떨어져 와 있으니 믿을 거라곤 아내밖에 없거든. 그러니 서로 의지해 말을 잘 들으며 살 수밖에 없단 말이지.

생활 패턴도 정반대라서 1.5룸에서 모든 것을 함께 해야 하는 일들은 어렵다. 나는 밤에 늦게 잠들어 9시나 10시가 되어야 일어난다. 남편은 초저녁에 자리에 들어 새벽 5, 6시 즈음에 일어난다.

남편을 출근시키고 아이들이 학교에 갈 때까지 커피 한잔을 느긋하게 마실 수 없었다. 그들이 돌아오고 잠들기 전까지 내 시간은 없었다. 혼자가 될 수 있는 오롯한 시간은 한밤중이었고, 비로소 내가 하고 싶은 일을 할 수 있으니 늦은 밤 시간을 놓칠 수 없었다.

낮에 도서관에서 빌려다 놓은 책을 읽기도 하고, 수를 놓거나 그리운 이들에게 편지를 쓰고, 오랜 친구와 통화를 하며 행복했다. 그 시간에는 아무도 나를 부르지 않으니 화나는 일도 없고, 느긋한 행복이 아까워 새벽 서너 시까지 잠들 수 없었다. 그렇게 신체리듬이 바뀌어버려 아무리 애를 써도 새벽에야 잠이 들었다.

1.5룸 안에서는 서로 다른 삶의 방식으로 인해, 컨디션이 좋지 않은 날에는 불만이 터져 나올 수 있으니 서로에게 들리지 않는 욕의 난무로 사방이 뜨거웠다. TV 본다고, 덜그럭거린다고, 빨리 불 안 끈다고, 별것도 아닌 일로 날카로워져, 어찌 너랑 똑같이 살란 말이냐. 나도 인간이다. 비 오는 날이면 짐승처럼 온종일 잠만 자는 주제에….

어느 날은 하도 화가 나서, 두고 보자를 되뇌며 저녁 7시부터 불을 끈 채로 누워있었다. 그런 밤에는 화를 낸 사람도, 말을 참고 누워있던 사람도 마음이 불편해 오래도록 잠들지 못했다. 한참을 부스럭대다가 둘 중의 하나가 일어나 이야기를 건넨다.

"어이, 일어나서 그 돌고래 나오는 프로를 보게."

'흥, 웃기시네. 내가 풀릴 줄 알고….'

"자네가 사고 싶다던 허리 쌕을 사러 가세. 안 사주려던 게 아니라, 지금 하고 다니는 게 있으니 쓸데없다고 했지."

나는 부스럭대며 일어나 대거리를 한다.

"아니, 뭐. 꼭 사겠다는 게 아니라…. 그 초록색이 더 이쁘지? 빨간 게 나을까?"

한달살이를 하면 좁은 방에서 생기는 이런 사소한 갈등쯤이야 당연히 생기려니 하면 된다. 때로는 갈등보다는 작은 감동의 시간으로 채워질 때도 있으니까.

조그만 잔디밭을 몽당빗자루로 싹싹 쓸어내는 즐거움이나, 돌담위에 얹힌 솔 채송화와 패랭이가 날 위해 해득대는 아침을 가졌다. 오색의 빛이 어른거리며 들여다보는 마당. 창문턱에 엉덩이를 걸치고 앉아, 맨발에 닿는 햇살의 간지럼을 느낄 때면, 바람도 멈췄다가 검게 탄 내 손을 슬쩍 어루만지고 지나갔다. 남천이 오색으로 물들어 얇은 잎사귀를 떨고 선 아침, 뭇 새소리 들리면 아직 시작도 하지 않은 오늘이 설렜다.

주인집에서 빌려온 대나무 갈퀴로 바람에 불려 들어온 마른 잎사귀며 솔잎들과 지푸라기를 쓸어냈다. 허리가 아파 반밖에 못 치웠으니 내일은 나머지 반을 치워야지.

처음의 시작은 온통 망설임이었다.

차례

10

2부
손톱과 발톱이 자라는 풍경

3부
위풍당당 퐁낭 할아버지

4부
우리는 천천히 늙어갈 것이다

1부

봉봉이와
붕붕이의
행진

소쿠리 안에 가득한
붉은 앵두

바람과 햇볕 아래 오랫동안 서 있을 것.
자주 외로운 자리를 만들 것.
편안한 곳을 정해 가만히 앉아 지나가는 사람들을 바라볼 것.
고요하고 낯선 것들을 어려워하지 말 것.

집을 떠나며 제주살이를 갈 때마다 대상도 없이 그저 서울 사는
이들에게 인사를 한다. 삶이 복잡하고 힘든 너희들, 지치지 말렴. 나
는 이제 잠시 여기를 떠날 거야. 너무나 익숙해서 눈을 감고도 무엇
이나 해낼 수 있는 내 자리에서 잠시 벗어나려 해. 새로운 거기서는
다시 더듬거리며 적응을 해야 하고, 익숙해지려면 또 알 수 없는 시
간이 지나야겠지만, 돌아올 땐 항상 평온으로 그득했으니 이번에도

다르진 않을 거야.

제주는 참 이상한 섬이었다. 그래서 갈 때마다 궁금했다. 공항에 사람들이 바글거리며 모이는 것에 행여라도 섬이 상할까 봐 염려를 했고, 육지 것들이 버리거나 던지고 간 쓰레기들을 흘겨보는 도민들의 눈치를 보면서도 언제나 그 섬에 기대어 바로 섰다.

문득 거기서 나 혼자만 느낄 수 있었던 것들이 무엇이었는가. 나 혼자만 보았던 것은, 그리고 행복할 수밖에 없었던 것은 무엇이었을까 생각했다. 그러다 보니 다른 이들과 함께 나누고 싶은 것들도 생겼다. 오며 가는 일뿐만이 아니라 조금 색다른 경험을 하는 것도 좋은 듯해, 주섬주섬 글을 써보았다. 하지만 이 글은 제주를 소개하는 글이 못 된다. 여러 번을 감탄하며 다닌 길도 모르는 주제이니, 제주에서 가장 아름다운 노을을 보았다고 그곳을 소개할 수도 없다.

어느 산의 기슭에서 바라보았던 새파란 바다가 너무 깊고 잔잔해, 잠시 후 뛰어들 것 같은 두려움에 얼른 그 자리를 벗어났다고, 그 아름다움의 절정을 보려면 어느 도로로 몇 시간을 달리면 된다는 것을 알려 줄 수 없어 답답하기도 했다. 둘레길의 주차장 유무나, 몇 코스로 올라가 어느 길로 내려가야 편안하게 다녀올 수 있는지도 설명할 수 없다.

뻔뻔하게도 나는 이렇게 말한다. 인터넷에 들어가면 원하는 모든 정보를 알 수 있어서, 마음의 부담을 덜 수 있었다고. 그들의 대다수가 수없이 검증하고 확인을 거쳐서 올리는 정보임을 믿는다. 그럼에도 불구하고 더러는 실망하고 더러는 부풀려진 정보에 속은 때도 있었다. 그래서 인터넷에 소개된 글들에 대한 신뢰를 조금씩 덜어냈다.

그럼에도 다른 이들에게 내가 갔던 맛집을 소개할 수 없는 것은, 배가 고프면 근처에 보이는 빵집에서 바게트를 하나 사, 시장기가 가실 때까지 우적거리며 걷다가, 해가 질 무렵에 자동차가 줄줄이 서 있는 밥집으로 들어갔기 때문이다.

때로는 동네 사람들이 들락거리는 허름한 밥집도 괜찮다. 그런 집들은 인터넷에 화려한 그림으로 소개된 적 없으나 수수하고도 맛이 좋았다. "나 밥 못 먹었어" 하고 털썩 앉으면 그제야 수저를 놓고 식은 밥을 퍼주는 우리 이모네 집처럼 편안한 집. 그런 집들은 낡고 투박했지만, 주인이나 손님이나 모두들 정다웠다. 거기다가 주인들의 손길이 바쁜 시간이면 알아서 가져다 먹거나, 대충 정리를 하고 나가기도 했다. 옆 식탁에 앉은 동네 아저씨들이 싱싱해 좋다며 두 번이나 쌈 채소를 건네주었다. 잽싸게 남편에게 전하는 행복, "아내가 미인이니 이런 채소도 얻어먹을 수 있는겨" 뻔뻔한 한마디를 할 수 있게 해준 따뜻한 마음들을 여기저기서 만날 수 있었다. 그들의 눈빛이 아무렇지도 않아서 더 좋았다. 내가 공짜로 얻은 소중한 마음들이다.

노을에 빛을 바꾸며 흘러가는 구름을 보는 일이라든가, 검은 화산석을 자꾸만 끌어안으며 흰 거품으로 부서지는 바닷가 기슭에 가만히 앉아 있는 것이 좋아서. 오름을 걷다 보면 키 넘는 마른 풀들이 이리 저리로 몸을 뉘며 서걱대다가, 종래에는 아무렇게나 누운 채, 흐느끼는 바람소리가 좋았다.

오래된 동백과 늙은 벚나무가 늘어선 도로에 아직 지지 못한 꽃잎들의 어지러운 춤사위, 안타깝고도 쓸쓸한 그런 봄날을 만나러 가기도 했다. 온종일 걷다가 알배긴 다리를 주무르며 정류장 의자에 주저앉아 노곤한 하루를 마감하는 다섯 시 반의 행복이 기꺼웠다. 이사한 밤처럼 신문지를 깔고 바닥에 상을 차려, 소주나 막걸리, 신 김치와 이가 깨질 것 같이 딱딱한 홍삼으로 한 끼를 먹고 적당히 취해, 각자의 자리에서 입 벌리고 코도 씨근대며 피곤에 지친 잠에 드는 일도 즐거웠다.

들여다보니 내가 좋아하는 여행이라는 게, 멋진 장소나 아름다운 곳을 찾아다니는 여행이 아니라, 여행하는 과정 중에 아무것도 아닌 것들을 만나는 일이었다. 갑작스레 퍼붓는 비, 우산의 주인인 듯 보이는 아이가 친구를 위해 내어놓은 젖은 어깨를 보는 일. 철 지난

옷을 뒤적대다가 툭! 주머니에서 떨어진 상수리 열매나 조개껍데기
하나가 지난 시간으로 나를 데려다 놓으면, 더불어 떠오르는 그날

이 아득했지만, 어제 같아서 참 좋았다. 책에서만 보던 우리나라 들꽃을 만나고 이름을 불러주는 일도 즐거운 일 중 하나였다.

수백일 중의 한두 번이었지만 낯선 곳에서 깨어난 이른 아침이 아까워, 이슬에 온 발을 다 적시며 안개 속을 걸어 다니기도 했다. 별스럽지도 않은, 중요하지도 않은, 허름하거나 오래된 그런 것들로부터 위안을 받는 마음이 오히려 편안했다.

이 나이까지 살았으니 뜻하지 않았어도 많은 것을 경험할 수 있었고, 그런 탓인지 내 것이 아닌 것을 적절한 때 포기할 줄 알게 되었고, 욕심나는 것들을 꼭 손에 넣지 않아도 너그러워질 수 있었다. 날이 갈수록 한 가지씩 내려놓는 일이 예전보다 수월해졌다. 그냥 나는, 늘 부족한 이대로가 좋다.

서울에 즐비한 화려한 카페와 그 아래 환상처럼 번지는 불빛들과 값비싼 먹거리 앞에 앉은 다른 그녀들이, "불편하게 왜? 그 좁은 데서 힘들지 않았어? 나이 드니 익숙하고 편안한 것이 최고야. 겨우 그런 것들을 얻으러 간 거냐?"고 물어도 그냥 웃을 수 있었다.

그저 앵두나무가 붉은 열매를 달고 있는 옆집 우물가에 서 있고 싶었다. 조그만 소쿠리 안에, 얻은 앵두가 가득 담긴 그것이면 족하지 않은가.

지가 이제 와서 뭔 일이나
제대로 하겠어?

"살면서 꼭 해보고 싶은 일이 있었어?"

가장이라며 많은 무게를 견디고 살았을 그에게 꿈이 있다면 이제라도 이룰 수 있게 돕고 싶었다.

"빨간 스포츠카를 살 거야. 옆에 긴 생머리의 아가씨를 태우고 끝없이 달려보게."

생각만으로도 기쁨이 넘치는지 그의 눈이 빛났다.

뭐시여? 아니 저 인간이. 그 따위도 꿈이라고 껍질뿐인 듯 쪼그라든 아내 앞에 감히 내어놓을 말인가? 살면서 차마 하지 못했던 욕이 한꺼번에 튀어나왔다. 끝도 없이 부글거리며 배신감이 차올랐지만, 흉한 욕들은 다행히 입안에서만 맴돌다 사라졌다.

그래. 어디 한번 달려봐라. 죽어도 버릴 수 없는 꿈이거든 제발 이

뭐 봐. 백발이 성성하다 못해 몇 가닥 남지도 않은 주제에, 기운도 없어진 머리털을 휘날리며 말이다. 더 늦기 전에 그 소원 꼭 이루라고 웃는 얼굴로 덕담도 아끼지 않았다.

요즘 중장년층에 큰 인기를 얻은 TV 프로그램이 있다. 그것을 보며 산속에서의 삶을 꿈꾸는 사람들이 많아졌다. 각자의 사정이야 다르겠지만, 직장에서의 중압감이나 그에 따른 스트레스도 한몫했다. 또는 끝 모르게 치솟은 아내의 막강한 권력 앞에, 날이 갈수록 작아지는 자신을 견딜 수 없어 산속으로 들어가고자 하는 이들도 생겼겠다.

홀로라는 거칠 것 없는 자유와 화려한 고독을 벗 삼아 자신만을 위한 시간을 갖고 싶었는지도 모른다. 차라리 그런 꿈이라면 살림 도구라도 챙겨주고 그의 홀로된 시간을 걱정하는 척하며, 양처 노릇이라도 하지. 나 역시 그동안의 온갖 억압과 구속에서 자연스레

벗어날 기회이지 않은가. 시집이라도 몇 권사서 머리맡에 던져두고 호수가 보이는 카페에서 브런치를 즐기며 느긋하게 창밖을 바라볼 수 있는 시간을 왜 나는 가지면 안 되는가.

어찌어찌 산속으로 들어간 그가 불편을 감당하지 못해 다시 돌아올 기미를 보인다면 그보다 큰 낭패는 없다. 재빠르게 갖가지 밑반찬을 만들어 쫓아가 그의 홀로 살기를 독려한다. 올라올 때는 따라붙지 못하게 잘 다독이는 것이 관건이다. 그리고 하루 종일 심심해서 몸부림치다 하는 수 없이 장만해 놓았을, 귀한 더덕이며 먹거리를 챙겨 오는 호사도 좀 누려보자.

사십 년간 헌신했지만, 겨우 난 이 모양이었다.

부글거리는 속이, 시간 날 때마다 그의 뒤통수를 연기가 나도록 노려보게 했다. 그 곁에 앉았을 긴 머리 여인을 향해 질투의 감정도 끓어올랐다. 그나마 안심이 된 것은 우리에겐 빨간 스포츠카를 살 돈도, 280km로 달릴 도로도 없다는 것이다. 고소해서 속으로 웃었으나 그가 성성한 백발이어서 조금은 슬펐다. 더 이상 그 여인을 미워하지 않기로 했다.

그러잖아도 며칠 전에 노란 스포츠카를 보았다. 한 젊은이가 타고 있었는데, 부릉부릉, 가슴 밑바닥에서부터 척추를 지나 머리를 거쳐서 나오는, 사람으로 치면 음역대를 흉내도 내지 못할 낮은 동굴 속에서 나오는 베이스 바리톤이었다.

문득 떠올랐다. 그의 꿈은 여전할까? 그렇다면 염치없고도 흉한

그에게 달려들어 얼마 남지 않은 머리칼을 박박 쥐어뜯어 주리라.
마음으로 날카로움을 벼리었다.

"지리산 자락에 라면집을 하나 차려야겠네. 산에 오는 사람들과
이야기도 나누고 라면도 끓여 팔 거야. 자네는 맛있는 김치를 담그
게. 그때는 정말 돈을 많이 벌어 자네를 호강시켜 줄게."

그 말에 속아 헤벌쭉 웃고 있는 내 입을 꿰매고 싶었지만, 그래도
듣기에 좋았다. 건너 산 노을이 붉게 퍼질 무렵, 도시를 향해 앉아
긴 머리 여인을 그리워한다 해도 못 본 척하자. 라면 판 돈으로 호강
시켜 주겠다지 않은가.

지금은 그 꿈을 기억도 못하는 듯 보여 다행이라 여기면서도 한
때 그런 황망한 꿈을 둔 것이 우습기도 측은하기도 했다. 가끔은 그
가 여인을 만나도 좋다며 넉넉한 여유를 부려본다. 그러나 혼자 있
을 때면 이를 드러내고 몰래 웃었다.

"지가 이제 와서 뭔 일이나 제대로 하겠어?"

어쩌면 내가 속고 있는 걸까. 꿈을 이루고자 하는 그의 창창한 욕
망이, 어느 시골 허름한 창고에 아무도 몰래 빨갛게 빛나는 자동차
를 숨겨 두고 때를 기다리고 있는 건 아닐지.

봉봉이와
붕붕이의 행진

아침부터 조금 슬펐다. 별일은 아니지만, 기분이 썩 좋지 않았다.

이를 닦으며 한참을 생각했다. 치약에서 무슨 이런 향기가…. 입 안에 하나 가득 물었던 거품도 심상치 않다. 자세히 살펴보니 치약 옆에 있던 폼 크린싱이었다. 왜 이러지…? 다른 사람 같았으면 얼른 알아차렸을까? 나와서 조용히 말했다.

"내가 이젠 할망이 되었네."

우울한 나를 살피다가 남편이 말했다.

"괜찮네. 그건 아무것도 아니야. 나는 세수를 하려고 비누칠을 하는데, 안경을 쓰고 했어."

우리는 우울 하나씩을 맞바꿨다.

안경을 어디에 두었는지 못 찾겠다는 남편이, 얼마나 답답할까 싶

어 사방으로 그의 안경을 찾으려 다녔다. 심지어는 신발장도 가 보
고 침대 옆 빈 공간까지 들여다보았다. 잠시 후에 남편이 허탈한 듯
이 웃으며 말했다.

"안경 찾았네."

나는 그의 얼굴을 바라보며 어디서 찾았느냐고 물었다.

"내가 쓰고 있었네."

그런 그를 놀릴 수 없었다. 나 역시 그의 얼굴을 바라보면서도 몰
랐으니까 말이다. 어찌 되었든 나보다 그가 한 수 위이니 위로가 된
다. 그래서 오늘 노인 둘이 '치유의 숲'으로 가기로 했다. 숲이 할망
과 할아방의 슬픔을 편안히 해줄 수 있을지도 모른다.

숲속으로 들어가면 좋다. 그 큰 숲 그늘 아래에 존재도 없이 미약

한 조그만 풀꽃까지 모두 다 길러내는 너른 품. 온갖 나무들이 향을 내뿜어 그 신선한 공기는 사람까지도 싱싱하게 가꾼다. 그중에서도 편백의 향은 일품이다. 그 숲 근처엘 가면 주변엔 온통 편백의 향기가 떠돌아다녔다. 숲에서의 모든 나무가 공기를 정화시킨다. 특히 붉각시나무는 아주 많은 이산화탄소를 흡수한단다. 나무 꼭대기의 잎사귀들이 붉어서 이름 지어졌을까. 각시의 연지곤지처럼 붉은 얼굴? 혼자 모자란 머리를 굴리면 영락없이 두통이 온다.

숲에는 삼나무와 편백이 많아 좋다. 대체 어느 이름난 정원사가 저렇게 멋지게 손질해 놓았을까. 하늘까지 닿을 듯 늘씬한 키에 이등변삼각형의 고른 형태로, 언제까지 저렇게 끝없이 자랄 건가. 저 높은 키들을 다듬으려면 얼마나 기다란 사다리가 필요한 걸까. 볼 때마다 의아했다. 꼭 초등학생의 수준이니 당연히 그 의문을 해결할 수 없었다.

옆에 모여 있던 한 무리는 숲 해설사가 함께하는 예약을 한 팀이다. 나는 엎드려 무심한 척 풀꽃을 들여다보며 귀 도둑이 되어 주의 깊게 해설사의 이야기를 들었다. 나무는 크면서 주변의 다른 나무들로 인해 햇볕을 받을 수 없게 된다. 그러면 아래쪽으로는 영양소를 보내지 않아 스스로 가지를 떨구어 내고, 햇볕을 많이 받는 윗가지를 잘 길러내어, 아름답게 자라도록 하는 거란다. 아, 그래서 저렇게 멋진 삼각형이 되어 살아가는 거구나.

어느 숲에는 나무의 이름들을 자세히 적어놓은 명패가 좋았는데,

그 숲을 나오는 순간 모두 잊어버렸다. 그래도 다행히 아는 게 하나 있다. 편백과 삼나무는 외관이 똑같고, 목피도 비슷해 그것만으로는 분간할 수가 없다. 그런데 삼나무의 잎은 뾰족해서 찔릴 듯한 모양의 가시 잎을 가졌고, 편백은 삼나무 잎보다 부드럽고 약간 도톰해 두 나무의 다름을 알 수 있다. 오랜만에 잘난 척할 것이 하나 생겨 남편에게 설명하니 아, 하고 다시 가지를 들여다본다.

숲으로 들어온 뒤, 아침의 우울에서 조금 편안해졌다. 발걸음도 가볍게 걷다가, 남편이 잘 오고 있는지 궁금해 흘금 뒤를 돌아다보았다. 그가 뒤에서 다급하게 외쳤다.

"하지 마!"

나는 모른 척하고 그냥 걸었다.

"누가 모를 줄 알고? 뒤에 사람들 오나, 확인한 거잖아 지금! 하지 말라고."

그때는 이미 발걸음에 맞춰 봉봉 소리를 내며 걷고 있었으니 남편의 경고는 무용지물이다. 거기다 내가 한마디를 얹었다.

"이 근처에는 붉가시나무가 많아서 괜찮아."

"그래? 에잇 그럼 나도….."

남편도 봉붕대며 걸었다. 때로는 사람들이 뒤에 오고 있는데도 참을 수 없는 상황이 되기도 한다. 그럴 땐 뿌리치는 남편을 저지해 팔짱을 끼었다. 뒤에 오는 사람들은 분명히 남편이 소리를 내는 것이라 생각할 것이다. 나이 들면 모든 것들이 허술해져, 때로는 본의 아

닌 실수가 많다. 조금은 슬픈 자조다.

덕분에 오늘 이 숲이 우리 부부로 인해 오염되었다. 한동안 맑은 공기를 만들어 내려고 모든 나무가 혼신의 힘을 다해야 하니 미안한 생각이 들었다. 그들은 오히려 '사람들은 다 그래, 그래서 우리에게 할 일이 생기는 거지'라며 이해해 줄 것 같다. 길을 걷다가 일없이 뒤를 돌아다보는 사람의 대부분은 방귀쟁이라고 보면 된다. 누군가가 힐끔 돌아보고 걷는다면 잠시 멈춰 섰다가 갈 일이다.

아침에 치약을 잘못 써 우울한 나와 안경을 쓴 채 비누질을 했다는 남편이 치유의 숲에서 큰 위로를 받고, 친구보다 더 편안한 동무가 되어 봉봉 붕붕대며 편안히 잘 걸은 하루다.

쫄보와 훈남 1

참 이상도 하지. 그것이 시간이며 세월이라는 것일까. 옳고 그름의 경계가 칼같이 정확하고, 불의를 참지 못한 결과로 인해 스스로 큰 어려움에 처하더라도, 자신을 돌보지 않던 정의로움은 모두 어디에 두고 왔을까.

어느 날, 남편은 운동 삼아 버스를 타고 직장엘 다녀보겠다며 집을 나섰다. 나는 속으로 쾌재를 불렀다.

'오매~ 저 차는 이제 내 거여. 혼자서 친구도 만나러 가고, 물이 흐르는 강변에서 향 좋은 차도 마실 수 있겠네.'

퇴근 후 돌아온 그가 기운 없이 말했다.

"나 이제 그냥 차 타고 다니려네."

버스를 탄 승객이 기사를 향해 부당한 언행을 해, 점잖게 이야기

했단다. 아저씨가 잘못하는 거라고, 운전 중인데 그러면 되겠냐고. 거기까지 듣고 나는 이미 결과를 예측했다. 그 사람은, "뭔데 참견 이냐, 네가 잘난 놈이냐"며 상스러운 욕을 하더란다.

"그래서 어떻게 했어? 주먹으로 막 패 주지 그랬어?"

기대한 내가 더 우습다. 무서워서 가만히 있었단다. 아마 다른 것보다 사람들이 불의를 보고도 창밖만 내다보며 모르는 척하고 있던 것에 더 놀라움이 컸던 듯싶었다. 하면, 그 잘난 주먹의 용처는 대체 무엇이냐. 그 몸에 달린 주먹만 무겁고 불쌍하지, 지금 생각을 해 봐도 이제껏 주먹을 쓰는 모습을 본 적이 없다. 거기에 달린 팔이 유난히 길어 유리창이나 잘 닦지.

그는 살면서 도덕이나 예의범절에 어긋난 일을 한 적이 없으니,

모든 이가 그럴 것이라 생각했다. 버스 안 생면부지의 그이도 그럴 거라고 생각한 건 당연히 남편의 오만이다. 나는 속으로 이제는 정신을 좀 차리고 살겠네. 어쨌든 쌤통이다.

하루 만에 물 건너간 강변의 향기로운 차가 아쉬웠지만, 그보다는 고소해 죽을 뻔했다. 그의 억울한 이야기를 들어주는 척하며 "뭐 그런 사람들이 다 있어?" 편을 들었지만, 어찌나 우스운지, 주방으로 달려가 소리를 죽이며 낄낄 웃었다.

'이제는 정해진 규격의 당신 방에서 나오면 그때부턴 내가 더 힘센 사람이야. 그러니 내 말만 잘 들으면 돼.'

검은 날개를 펄럭이며 흰 이를 드러내고 남편의 귀에 속삭이고 싶었다.

옛날, 아주 어렸던 어느 날, 술집이 늘어선 북창동이라는 곳에 맥주를 마시자며 갔었다. 골목마다 취객들이 비틀거리고 대로변에서도 소리를 지르거나 왝왝거리는 술 취한 어르신들. 그이들을 피하느라 허둥대다 보니 남자친구가 안 보였다. 사나운 남정네들에게 끌려갔나, 더럭 겁이 나 이리저리 찾아 나섰는데, 남자친구는 불이 환하게 켜진 안전한 슈퍼 앞에 더욱 안전하게 서 있었다. 그게 바로 저 인사다.

그 쫄보는 모르는 이들뿐 아니라 아내에게도 졌다. 하지만 나도 다 안다. 아내가 말도 안 되는 일로 고집을 부리면 알았다며 웃었지만, 덩치도 그렇고 손도 두 배는 됨 직하게 큰 그가 힘이 없어서 지는 것은 아닐 것이다. 세월이 주는 넉넉한 여유와 아량이 툭하면 앙탈하는 아내의 꼴을 측은지심으로 보아 넘기는 때문이다.

집에서는 물론이고 제주에 와서의 삶도 남편의 이해와 아량이 없다면 평탄하지 못했다. 그의 말대로 '한 주먹도 안 되는 주제에 까부는' 아내에게 휘둘리며 살고, 문제가 생길 때마다 여유 있는 재치로 아슬아슬한 상황을 푸르륵 웃게 만들어, 귀찮은 상황을 피해 가기도 했다. 나는 무조건 져주는 남편에게 고맙기도 하고 그의 여일한 모습을 부러워하기도 했는데, 단연 남편이 승자임을 증명하게 되는 일은, 이번 싸움에서도 내가 이겼다고 생각한 저녁에 가지던, 나의 반성하는 마음에 있었다. 그는 패자의 자리를 기꺼워했지만, 언제나 승자였다.

외출할 때마다 남편은 거울을 들여다보며 말한다.

"오, 잘 생겼는데? 정말 멋져. 왜 이렇게 젊어 보이지?"

그냥 자기 최면이구나. 세월이 안타까워 자신을 북돋우려고 부러 하는 말이구나. 지켜보던 내가 더 쓸쓸했다. 그래서 한껏 추켜세우며 잘생긴 거 맞는다고, 나이도 한 십 년 젊어 보인다고 위로했다. 그런데 아내의 마음이 무색하게 남편은 진심이었다. 그는 늙어도 자신이 정말 멋지다고 생각한다. 처음에는 그것이 웬 천만부당한 말이냐고, 온 얼굴에 비웃음을 담아 바라보았지만, 나중에 생각하니 오히려 고마웠다.

퇴직을 한 모든 이들이 외로움과 싸우고 자신의 설 자리를 잃은 모습에 좌절하고, 주변에서는 예전과 같은 대우는커녕 집안 식구들마저 귀찮아하는 모습이 역력하니, 나머지 삶이 높다란 벼랑 위 같단다. 그럼에도 남편은 긍정적인 마음으로 노년을 보내고 있으니, 그것이 자기 최면이 되었든 진심이 되었든, 잘 되었다는 생각이 든다.

어디 가서 싸움 한 자락 못하는 사람이지만, 만일 그런 날이 온다면 내가 두 팔을 부르걷고 망설임 없이 뛰어들어 그를 보호하면 될 일이다. 연약한 남편으로 인해 하는 수 없이 내가 전사가 되기로 결심했다. 그런 상황임에도 남편의 한마디는 가관이다.

"어휴~ 여기 제주에 와서도 나보다 멋진 남자를 본 적이 없어. 자네 그거나 알고 살게."

쫄보와 훈남 2

폭우가 내려 어제 널어두었던 고사리가 축축해졌다. 제주의 4월
은 언제나 그렇다. 낙숫물 떨어지는 곳에 의자를 가져다 놓고는, 나
의 사랑 고사리를 어째야 할까 고민하고 있는데 서울서 친구인 K에
게 전화가 왔다.

남편은 자기 방에서 빗소리를 벗 삼아 좋은 음악을 듣고 있었다.
그래서 오랜만에 마음 편히 수다를 떨며 이것저것 주변의 소식을
물었다. 나는 그녀의 말을 들으며 조언도 하고, 공감도 하며 한동안
수다스러웠다.

전화를 끊고 남편이 뭘 하나 방문을 열었다. 오랜만에 K와 통화를
해 반가웠다며 나중에 그녀도 제주에 와서 지내다 갔으면 좋겠다는
이야기를 했다.

"자네에게는 정말 큰 장점이 있네. 상대의 이야기를 잘 들어주기도 하고, 때로는 아낌없는 칭찬으로 기를 살려주기도 하지."

그런데 앞으로 조심해야 할 것이 하나 있단다.

"상대를 칭찬하는 일은 쉽지 않은 일이야. 거기엔 종종 본인의 우월감이 내재되어 있어서, 어떤 면에서는 상대방의 자존심에 상처를 줄 수 있거든. 남의 일에 조언하는 일도 마찬가지야. 지나친 격려나 충고도 결국은 부당한 간섭을 하는 일이지. 보통은 자신이 상대보다 나은 위치에 있다고 여길 때 칭찬을 과도하게 하고 충고도 하게 되는데, 돌아서 생각해보면 그 칭찬을 오히려 불쾌하게 여길 수도 있어. 모든 것은 과장하지 말고 있는 그대로 얘기하는 것이 제일 좋아. 스스로도 잘못한 일이라고 여기고 있어 위로를 받으려고 한 얘길 텐데, 오히려 칭찬을 받는다면 자존심이 상하지. 상대를 불신하게 되고, 깊은 이야기를 다시는 꺼내지 않을 거야. 칭찬이나 조언, 격려를 하는 일은 여간 조심스러운 일이 아니네. 어떻게 보면 그게 언어폭력이기도 해."

얼굴이 붉어졌다. 아까 내가 통화하던 내용을 자세히도 들었네. 사실 나는 그녀에게 잘난 척을 좀 했다. 겸손한 체하며 격려하고 지나친 칭찬을 했으니까. 음악을 들으며, 책 한 권 끼고 누웠더구만, 언제 그렇게 아녀자들 하는 얘기를 자세히도 들었는지….

공연히 자존심이 구겨져 발소리를 쿵쿵 내며 방으로 돌아와 이불을 뒤집어썼다. 방문을 슬쩍 열어보더니 라면을 끓여주겠단다. 커다란 몸을 돌리기도 힘든 주방에서 꾸무럭대더니, 꼬들꼬들하게도 끓여 냈다. 김치와 단무지로 맛있게 라면 서너 젓가락을 먹었는데, 코딱지 두 배만 하게 덴 자리를 눈앞에 들이대며 아프다고 엄살이다. 냄비 주변을 만졌나 보다.

"이렇게 빨갛게 되면 더 쓰린데, 어쩌지?"

몇 번을 다독였으나 설거지가 끝날 때까지 턱밑으로 쫓아다녔다. 그를 위한 과장된 위로에 지친 내가 버럭 소리쳤다.

"야, 나는 지금까지 애들 키우며 손이나 발, 팔다리까지 수십 번도 더 데었어. 그럴 때 한 번이라도 들여다 봐준 적 있어?"

드디어 남편이 조용해졌다. 그리고 자기 방에 들어가서 누웠다. 그런 남편이 측은해져 안주하라고 호박전을 했다. 그는 신이 나서, 무슨 안주까지 다 해 주시냐며, 복 받을 거라고 속없는 말을 남발하더니, 내가 마실까 봐 그랬는지 급하게 마시고는 얼굴이 벌게졌다. 이제는 조금만 마셔도 얼굴이 붉어지는 자신의 체력이 민망했던지, 그 큰 손으로 볼을 감싸 쥐고 음흉하게 웃으며 말했다.

"화끈화끈, 얼굴이 뜨겁네? 오호호, 갱년기라서 그런가?"

이전의 어느 날인가, 소주 한 병을 마시던 중, 대작을 해야 맛이 난다며 내게 한잔을 따라주었다. 나도 그날은 술이 별로 쓰지 않아 연거푸 마셨는데, 잠시 후 남편은 화난 사람처럼 말이 없었다. 그의 얼굴이 점점 어두워졌다.

"무슨 일인데, 뭐 안 좋은 일이 있어?"

내가 뭘 잘못했나, 슬며시 눈치도 보게 되었다. 한참 후에 그가 이야기했다.

"소주 한 병에 7잔이 나오는데, 자네가 3잔이나 마셨네."

아이고, 인간아, 인간아….

우리가 사는 건물 1층에는 공동 세탁실이 있다. 그곳에 묵고 있는 사람들이 빨래를 할 수 있도록 다섯 대의 세탁기가 놓여 있었는데, 거기서 아주머니들이 아침마다 자신을 기다린단다. 그녀들은 세탁기의 사용법을 묻거나, 오늘은 어딜 가야 하는지, 무엇을 먹어야 하는지, 의논하기 위해서라고 했지만, 그것은 핑계이며 사실은 자신을 한 번이라도 더 보려는 생각에 눈이 빠지도록 기다린다는 것이다. 그때마다 팔짱을 끼고 코웃음을 핑핑 날리고 선 아내에게 분기탱천한 얼굴로, 언젠가는 그 아주머니들을 나래비 세워 모두 집 앞으로 데리고 오겠단다. 하지만 이제껏 남편에게 반했다는 세탁실의 아낙네를 본 적은 없다.

배가 부르니 잠시 산책을 한다며 나가서 한동안 돌아오지 않았다. 공연히 쓸데없는 상상으로 짙어지는 어둠이 걱정되던 참이라, 들어오는 면전에 대고 연락도 없이 왜 이제 들어 오냐며 소리를 질렀다. 대답이 가관이다.

"내가 분 냄새를 좀 맡고 오느라…."

뭐시라. 화장품 냄새를? 아니 그러면…. 이 이가 세탁실에?

사연인즉 잘 걷고 있다가 갑작스런 변의로 온 동네를 헤매고 다녔단다. 아침에는 잘난 척하며 훈계도 잘하더구먼, 겨우 생리작용으로 잘난 스타일을 구기니 참으로 대단한 고소함이다.

비가 그치자 남편이 말했다.

"며칠 비가 오더니 햇볕이 나네? 아유, 볕이 아까운데 이거나 널어야겠다."

남편은 아직 덜 마른 고사리를 주섬주섬 챙겨 들고 햇살 아래로 나섰다.

숲에도
주제가가 있다

　제주에 오면 항상 여러 곳의 숲을 찾는다.

　제주의 숲은 깊다. 아무리 뜨거운 날이라도 아름드리나무들이 서늘한 기운을 뿜어내고 머리 위로 짙은 그늘을 드리우면, 산 벚꽃 잎들이 바람결에 하느작대며 눈앞으로 지나간다. 이미 져버린 동백군락지에는 볕에 바랜 꽃들이 툭툭 떨어져 발걸음을 잡는다. 간혹 성한 꽃송이를 발견하면, 한쪽 길옆으로 꽃들을 보기 좋게 모아놓거나 검은 바위 위에 이쁜 모양으로 올려놓는다. 그곳을 지나는 누군가는 그 꽃들을 보며 행복해질 것이다.

　숲에 들어와 있으면 좋다, 참 좋다. 조경사들이 인위적으로 모양을 낸 나무도 없고, 발아래에는 삼나무 편백나무 늙은 가지들이 수북하게 떨어져 쌓여, 가끔은 발을 헛디딜 수도 있다. 정돈된 숲이 아

니라서 그저 제 맘대로 자라난 나무들은 더욱 멋지고, 그 아래 떨어진 씨앗들이 생육과정을 거치며 조금씩 자라나 어린나무가 되었다.

그늘 아래 별 같이 피어난 들꽃들도 대견하다. 시간이 지날수록 숲은 깊고, 서늘한 공기와 향은 더욱 짙어지고, 새들은 조용한 숲속에서의 낯선 기척에 놀라 여기저기서 지저귀기 시작한다.

어느 가지에 앉았는지 볼 수는 없지만, 그들 서로 간의 화답은 아름답다. 이 숲을 관장하는 기관은 어디일까. 산림청인가? 제주에는 개인이 가진 숲도 꽤 많이 있는 듯하다. 간혹 나무들이 명패를 달고 있긴 하지만, 대다수의 나무에겐 그것이 없다. 나무마다 이름을 적어 붙여주면 좋을 텐데, 알 수 없어 답답하고 궁금하다.

숲을 지나는 사람들은 스쳐 가며 서로에게 인사를 건네곤 한다. 때로는 먼저 알은체해도 모르는 척 지나는 사람도 있게 마련이라, 그이가 한참 지나간 후에야 중얼대며 흉을 본다. 혼자서만 손해를 본 것 같은 느낌이 자존심을 상하게도 해서 그렇다. 말이 좋아 흉이지 사실은 조금 못된 욕을 할 때도 있어, 나를 바라보는 남편의 싸늘

한 눈초리에 금방 반성하고는 다시 착한 나로 돌아온다.

그렇게 걸어 두 시간여가 지나면 나무들을 위로하는 시간을 갖는다.

나무야 나무야 서서 자는 나무야
나무야 나무야 다리 아프지

나는 나무들이 다리가 아플까 봐, 정말 있는 목청을 다해 누워서 자라고 노래를 불러준다.

그리곤 또 더 어두운 숲에 들어서면 다시 노래를 시작한다.

정글 숲을 기어서 가자 엉금엉금 기어서 가자
늪지대가 나타나면은

악어 떼가 나올 리도 없는 숲속에서 조심하라며 소리소리 지른다.

거기에 있는 모든 나무와 새들이 놀라도 딱 하나 놀라지 않는 사람은 남편이다.

처음엔 왜 저러나 뒤돌아보고는 나무가 놀라겠네, 한마디 했다.

숲에만 들어오면 나무의 주제가를 불러대는 아내를, 아무에게도 들키고 싶지 않아 그저 누구도 만나지 않기를 바라는 듯했으나 요즘은 그것도 포기한 듯, 모르는 사람인 척 혼자 가버리곤 했다. 나는 앞쪽에서 누가 오거나 뒤에 기척이 있으면 마구 달려 발걸음을 맞추고 꾀꼬리 같은 목소리로 "아유, 왜 이렇게 시끄럽게 굴어~"하며 시침을 뚝 떼고 남편을 바라본다. 더 이상 어이없다는 표정조차 짓지 않던 남편이 어느 날 내 목청의 기운을 나락으로 떨어트렸다.

"자네가 올해 몇 살인가?"

다리를 배배 꼬며
갈지자로 걷다

오늘은 시오름으로 간다.

법정사가 있는 한라산의 둘레길이다. 비가 오지 않아야 할 텐데….
올라가는 길이 다 끝나지도 않았는데 비가 내리면 정말 난감하다.
아침에 차를 닦았다기에 비도 자주 오는구먼, 왜 자꾸 차를 닦느냐
고 구시렁대자 "방으로 데꼬가고 싶은 나의 차"란다.

평생을 선생이었던, 풍요와는 거리가 먼 누추함. 그래서 더 아름
다운 직업인 줄도 모르겠다마는, 파리가 앉아도 아까운 그의 차를
타고 법정사 근처 올레 3, 4구간인 동백길에 도착했다. 굴거리나무
군락지인 듯 줄기가 붉은 나무들이 모여 있는 산길. 제주의 모든 아
름다운 장소는 한라산이 품고 있어 끊임없이 보여주고, 무엇이든
내어준다. 어머니 같은 산 아래에 사람들이 옹기종기 모여들어 편

안한 삶을 약속받은 듯하다.

걷는 내내 나무뿌리들은 바위를 감싸 안거나 피해 가며 흙으로 흙으로 번져나가는 생명력이 가득하다. 그들이 뿜어내는 서늘한 기운은 청량하다. 마주 오는 사람의 알은체에 "해버 나이스 데이"라며 내가 아는 단 하나의 문장을 외쳐 외국인에게 인사를 건넸다. 부끄럽게도 그는 부자연스럽지만 우리말로 "안냐세요" 했는데, 제발 영어를 할 줄 아는 사람으로 오인해 더 이상의 대화를 요청하는 불상사는 피해야 한다. 나는 남편도 버린 채 잽싸게 그 자리에서 달아났다.

어떤 이가 떨어진 동백 몇 송이를 검은 화산석 위에 올려두고 지나갔다. 누군가는 등산화를 신고 무심히 밟고 지나가 꽃 진 자리가 어수선하다. 수명을 다한 낙화임에도 그것을 소중히 여겨 행한, 고운 마음을 생각하며 두고두고 따뜻했던 기억 때문에, 이후로 나도 떨어진 꽃송이가 보일 때마다 보기 좋은 모양을 내어두고 자리를 떠난다.

잠시 걷다 보니 깊은 숲속, 다른 수종 없이 어린 동백들로만 군락을 이루고 있어 또 다른 숲이 있는 것처럼 보였다. 나무는 작지만 잎들이 검푸르게 반짝여 한눈에도 건강해 보였다. 오래전 수를 다한 늙은 나무들이 자연스레 사라져 가면, 그 자리 빈터에는 다시 어린 나무들이 자라고, 시간이 흐르면서 또 깊고 편안한 숲이 될 것이다.

숲은 이것저것 지난 시간을 되돌아보게도 하고 지금의 내 자리를 점검해 보는 시간도 갖게 한다. 앞으로 내게 남은 시간들 역시, 잘 살아내길 다짐하며 생각이 많아지는 곳이다. 점점 숲이 깊어지면 어둠도 짙어지는데, 앞쪽에 나무와 나무를 묶어놓은 긴 줄을 발견했다. 더 깊은 숲으로 들어가 길을 잃고 헤맬까 봐 묶어놓은, 걷는 이들을 위한 배려의 표식이었다.

무성한 나뭇잎에 가려 해가 들지 않는 어둡고 침침한 사이를 빠져나오기도 하고, 오랫동안 그 줄에 의지해 걸으면 나뭇잎 사이로 하얗게 비쳐드는 긴 햇살이 내 곁까지 다가와 선다.

어느새 예정했던 두 시간 반을 다 걸어 표고버섯 재배지에 도착했다.

힘들게 걸어왔던 길을 돌아본다. 법정사 구간은 깊은 산속으로 들어가야 하는데, 폭우가 쏟아질 때마다 마른 잎이며 부러진 통나무와 가지들, 씻긴 뿌리들이 넓은 계곡이었을 그곳에 높다랗게 쌓여 있다.

6개의 계곡은 큰비가 내릴 때마다 나무뿌리들을 어지럽게 모아 놓거나 폭우에 자리를 이동한 크고 작은 돌들이, 가는 길을 방해해 놓는 발걸음이 불편했다. 그런 돌길 같은 삶을 걷고 뛰어넘으며 탈 없이 왔으니 정말 잘했어. 재배지 앞에 선 채로 소금빵을 먹고 가져간 사과를 반으로 쪼개 나눠 먹은 후 다시 그 길을 따라 돌아섰다. 차를 가져가면, 꼭 왔던 자리로 돌아가야 하는 일이 번거롭다.

같은 거리를 다시 걸어 정문 안내소에 놓인 물을 한 병씩 들고 차로 돌아왔다. 그 물은 둘레길을 걷는 이들의 갈증을 위해 언제나 안내소에 비치되어 있다. 아까 숲속에서 길잡이가 되었던 긴 줄이며, 갈증을 위한 물 한 병은 우리가 보살핌을 받고 있다는 감사와 더불어 우리나라 국민이어서 행복하다는 생각이 들기도 했다.

돌아오는 차 안에서 선녀의 날개처럼 부드러운 안개가 아주 천천히 움직이는 것을 보았다. 이전에도 바로 그곳에서 바람에 풀려 희미하게 다가오던 안개를 보았다. 그 자리는 아마 안개가 '사람에게 오는 길'인지도 모른다. 깊은 숲과 떨어진 동백꽃이 놓였던 검은 바위와 길을 안내하던 긴 줄과 갈증을 달래던 물 한 병, 거기에 안개가 맞은 편 사잇길에서 소리 없이 내게로 다가오던 신비.

그래서 더 행복했던 하루, 그러니 오늘은 상으로 고기를 먹겠다. 맛있게, 그리고 많이 먹을 테다. 고기 맛은 쉐프의 고기 바르는 솜씨가 좌우하는 건가? 특수부위를 아주 얇게 때로는 두툼하게, 결을 잘 살려 떠내어, 맛이 있다고 소문이 난 집이다. 주방 창 앞에 '명인'이라는 액자가 번쩍이는데, 그 액자 덕분인지 고기가 정말 맛있다. 고기쌈까지 건배를 하며 볼 미어지게 입에 넣고 둘이 나누는 한잔 술이 거나하다. 생각해보니 아무래도 내일 밥값까지 땡겨서 먹은 것 같다. 몸무게 생각 않고 오랜만에 맛있게 먹었으니 그러면 되었

다. 내일은 정말 한 끼만 먹어야겠다.

고깃집을 나와 배를 두드리며 행복하게 걷다가 문득 어허, 이건 무슨 상황인가? 이마에 식은땀이 배고 등줄기로는 서늘한 것이 지나간다.

"나 먼저 갈…."

말도 다 마치기 전에 휙 돌아서서 뛰었다. 다리를 배배 꼬며 갈지자로 말이다. 어이가 없어 도로 한복판에 멈춘 남편을, 오늘 두 번째로 길에 버리고 달렸다. 날듯이 집으로 와, 신발 한 짝은 현관에, 다른 한 짝은 식탁 밑으로 벗어던지며 화장실로 뛰어들어 환희에 찬 한마디.

"아아, 정말 큰일 날 뻔했다."

잠시 후에 돌아온 남편이 웃으며 물었다.

"잘 했는가."

아무리 늙었어도 나도 여자다. 그런 걸 묻는 것은 정말 무례하기 그지없는 일이다. 눈 한번 휙 흘겨준다.

백만 원도 아니고
천만 원도 아니고

　어버이날인데 가 뵙지 못한다고 아들이 용돈을 보내왔다. 두 분이 맛있는 걸 사드시란다. 아무리 좋은 거라도 선물은 절대 사절이고 꽃다발도 사절이다. 돈은 내 통장으로만 보내야 한다. 그래서 특별한 날 아이들은 내게 돈을 보낸다. 이유는 지극히 타당해 아이들을 설득하기도 쉬웠다.

　'항상 빠듯한 생활비로도 제일 맛있고 좋은 것을 너희에게 먹이고 싶었다. 그래서 따로 빼돌릴 돈이 없었어. 그러니 모든 용돈은 엄마의 통장으로 보내되 거기 더 주고 싶은 마음이 들거든, 아버지 몰래 보내면 된다. 나도 이제 나만의 통장을 갖고 싶다'라는 뜻을 전했다.

　엄마에겐 절대 비밀이라며 아이들이 아버지께 몰래 보내는 돈이 있음도 안다. 그런 것은 서로 모르는 척하는 것이 예의이고 가정의 평화를 지키는 첫째이다.

남편은 아이가 같이 쓰라고 어버이날 보내 줬으니 거기서 십만 원만 달라며 치사하게 따라다녔다. 들은 척 않는 아내를 보더니, 아들에게 이른단다. 맛있는 걸 사 먹는 것도 아니면서 엄마 혼자 다 가졌다고. 나눠달라니 참으로 쪼잔하기의 최고봉이다. 요즘 젊은이들처럼 미리 살아보고 남편을 결정할 일인데, 너무 성급했던 것이 이런 좋지 못한 화를 낳았다.

어쨌든 머릿속을 뒤적인바, 나눠 받으면 더 손해인지라 십만 원을 내놨다. 그러고 나니 터무니없이 빼앗긴 것 같아 속이 짜다. 언젠가는 저 돈을 찾아오고 말 테다.

오늘은 비밀의 정원으로 간다. 날씨가 맑고 쾌청하니 하늘이 가볍다. 남편은 어젯밤 피곤했는지 일찍 잠자리에 들었다. 역사를 도모하기에 아주 쉬운 밤이다.

"우리 내일 삼나무 숲에 가서 김밥 먹자. 내가 김밥 쌀게."

재료도 없는데 갑자기 무슨 김밥이냐고 멧돼지 같은 콧김을 날린다.

"내가 김밥을 못 싸면 벌금으로 십만 원 줄게, 근데 내가 김밥을 싸면 십만 원을 내야 돼."

게으른 아내가 그 저녁에 나가서 김밥 재료를 사 올 리도 없고, 재료가 있어도 그런 수고는 절대 하지 않을 사람임을 아는 남편이 귀찮은 듯 알았다며 방으로 들어갔다.

일찍 일어나 베지밀과 바나나를 하나씩 먹고 비밀의 정원을 향해 떠나는데, 어젯밤의 약속은 잊었는지 별말이 없었다.

한 시간여 걸려 도착한 숲은 입장료가 있는 개인의 정원이다. 사람들이 거저라는 생각에 시설물을 함부로 대할 수 있을 테니, 적당한 비용을 지불하는 일이 맞다. 그런데도 아까워서 콧바람이 나왔다. 정원의 뒤로 돌아가니 산자락과 맞닿은 곳부터 평원으로 펼쳐진, 노랑과 초록의 조화에 탄성이 나왔다. 원색의 만남이라는 것이 얼마나 부담스러운지는 모두가 안다. 억지로 꾸미지 않아 자연스러운 원색이라면 이렇게 다른 걸까. 바람에 끝없이 일렁이는 유채와 억새풀의 부드러운 춤사위. 진정으로 아름다운 걸 보면 말이 없어진다.

젊은이들이 사진을 찍으려 순서를 기다리는 부산스러운 곳에는 기형의 삼나무들이 줄을 지어 서 있고, 거기서 멋진 추억을 남기려는 사람은 모두 청춘이다. 젊다는 것은 무엇을 해도 아름다우나, 나이 들어 버린 우리는 어디를 가도 조심스럽다.

서둘러 그곳을 빠져나와 신양해변으로 향했다. 도착하니 오후한 시가 지나있어 주변을 둘러보며 적당한 음식점을 찾는 남편에게, "김밥을 먹어야지" 하며 가방에서 도시락을 꺼냈다. 그는 이게 뭐라는 소린가, 눈을 크게 뜨고 내가 휘두르는 도시락 용기를 들여다본다. 거기엔 '김.밥'이 있었다.

"어때? 정말 김.밥이지?"

어젯밤 고슬하게 지어 참기름과 통깨, 그리고 소금으로 간을 한 윤기 자르르한 밥과 들기름으로 구운 자른 김과 그리고 나무젓가

락, 꼬들 단무지가 나왔고, 마지막으로 모습을 드러낸 건 일회용 비닐장갑이다.

나무 탁자에 스카프를 깔고 가져간 살림들을 펼쳐놓았다. 다행히 주변에는 사람들이 없어 부끄러움이 많은 남편이 편안해졌다. 일회용 장갑을 끼고 참기름과 통깨로 버무린 밥을 김으로 싸, 조그만 크기로 꽁꽁 뭉쳐 곁에 놓는다.

이 밥은 아이들 어릴 때 마땅한 반찬이 없으면 가끔 만들어 내던 간식이었다. 남편은 의외로 즐거워했다. 밥을 먹고 사과를 깎는데 허기에 만족한 남편이, "김밥을 이렇게 먹으니 참 맛있는데?" 칭찬의 말이다.

"그럼 십만 원!"

처음엔 어리둥절하더니 단번에 반박이다. 이게 무슨 김밥이냐고. 하나 남은 김밥을 그의 눈앞에 대고 흔들었다. 그때부터 옥신각신 아무도 없는 해안에서 둘은 목청을 높였다. 항복한 그와 승리를 확신한 내가 언제 어떤 경로로 그 돈을 회수할지 의논을 하는 중, 자기는 없으면 말지, 그리 치사하게는 돈을 벌지 않는단다. 그러더니 집에 가서 준다며 꾀를 부렸다.

분명 나중에 딴소리를 하려는 속셈이다. 간편하게 카카오 뱅크로 보내라고 하자, 휴대폰을 꺼내는 그의 손이 덜덜 떨렸다. 때동! 입금이 되었습니다. 들여다보니 돈이 왔다. 진즉에 그럴 일이지.

주변을 정리하고 나서 가벼운 마음으로 해안길을 걷는데 비취의,

토파즈의 바다가 아름다웠다. 거금을 잃은 사람치고는 어찌 이상하게 행복하고 평온해 보이는 그가, 쉬이 나의 찬사에 동의했다.

딸이 잘 지내냐며, 맛있는 거 많이 먹으라고 돈을 보내와 들여다보다가, 잠시 후 팔을 휘두르며 그에게 돌진했다. 그가 보낸 십만 원에는 동그라미가 네 개뿐이었다. 금방 들통 난 자신의 행실이 창피한 듯, "봤나? 그냥 그것만 받게" 비굴하게 웃는 그 얼굴이 꼭 TV에서 사기꾼 역할로 자주 나오는 배우와 닮아있어 내가 더 부끄러웠다.

말 없는 나를 바라보더니, "더러워서~ 더럽다!" 외치며 휴대폰을 열었다.

내 전화기가 다시 때동! 울렸다. 나는 카톡을 열고 이번에도 9천 원이 왔을까 봐, 일·십·백·천·구만을 고개까지 주억거리며 센 다음에 바닷가를 착착 걸어갔다.

OK 목장의 결투

사람들이 물었다. 남편하고 둘이서 그 좁은 공간에서 어떻게 한 달이나 두 달을 사느냐고. 혹시 온종일 싸우는 건 아니냐고.

더러 싸운다. 삐쳐서 각자의 방으로 들어가 아침까지 안 나올 때도 있고, 눈치를 슬금슬금 살피며 될 수 있으면 하루를 잘 지내 보내려고 상황을 회복하고자 애를 쓰기도 한다.

말처럼, 좁은 공간에서 불편한 감정으로 함께 있어야 하는 일은 쉽지 않다. 더구나 삶의 방식도 달라 어긋나는 일들이 많지만, 지금 껏 우리가 살아온 대로 각자의 다름을 인식하고 최대한 거슬리지 않으려고 노력한다. 대다수의 일은 남편의 아량이나 이해로 넘길 수 있었다. 그렇게 지내기 위한 방법을 아마 혼자서 터득했을 것이다.

내가 무슨 말을 해도 이상하게 비릿한 느낌이 나는 "O~~~K

~~~~"가 그것이다. '라'와 낮은 '도'의 음계다. 그럴 땐 무조건 두 개뿐인 스펠을 길게 뺀다. 우선 네 뜻을 거역하지 않을게, 라고 이해하는 한편으로, 야릇한 무시의 뜻이 담겨 있는 것 같아 기분이 나빠지려 한다.

예를 들어 날이 무더운 여름날, "어휴, 나 냉장고에 들어가고 싶다" 말이 끝나기 무섭게 "오케에에이~ 들어가면 내가 문 닫아줄게" 한다. 대답만 믿고 들어갔다가는 얼어 죽을 수 있다. 냉장고는 안쪽에서는 절대 열 수가 없다고 들었으니, 만일에 안 열어주면 그때는 어쩌고. 내가 그리 쉽게 저 좋은 일 시킬까 봐?

비가 온 다음 날, 우리 고사리 캐러 갈까? 물으면 가고 싶지 않아도 오케에에이, 하며 대답하는 꼬리가 길다. 하여튼 뭐라 해도 기분 나쁜 곡조가 붙는 오케이를 외친다.

남편하고 영혼을 나누는 사이의 동료가 있다. 그들은 자주 만나지 않아도 서로의 속을 모두 짐작하고, 말하지 않아도 서로의 뜻을 다 읽는다. 얼굴을 볼 수는 없지만, 나는 여기서 너는 거기서 각자의 일을 하면서 서로를 생각하는 마음은 애틋하다.

그들은 외모로 보자면 별로 어울리지 않는다. 한 분은 자그마하고 섬세하며 감정이 풍부해 피아노의 선율 같은 사람이지만, 그런 걸로 절대 자신을 드러내지 않는 분이다. 짐작에 예술적인 감각도 큰 듯 아름다운 분이셨다. 이것은 그저 나의 생각이며 표현일 뿐 그분이 어떤 사람인지 잘 모른다. 그냥 나의 짐작일 뿐이다.

나의 남편은 키도 크고 어깨도 떡 벌어진 것이, 젊었을 때 자신의 꿈은 '깡패'라고 했다. 성격도 불같아 직설적이고, 옳지 않다고 생각하는 것은 상대를 두드려서라도 바로잡아야 직성이 풀리는 다혈질에다가, 기질이 못되기로는 온 친척들께 정평이 나 있다.

　　그렇게 다른 두 분은 멀리 떨어져 있어도 서로를 섬긴다. 나는 그런 그들을 부러워한다. 예전에 어떤 책에선가 읽은 적이 있는데, 남자들은 서로를 알아봐 주는 사람을 위해 목숨을 바친다고 했다. 뭐 그들이 서로를 위해 목숨을 바칠 일은 없으나, 상대방에게 아무것도 요구하거나 보채지 않는다는 뜻이다. 각자의 자리에서 자신의 일을 성실하게 하는 것으로 만족한다.

　　제주에서 지낼 때 조그만 택배가 왔다. 그분께서 보낸 라디오였는데, 음향을 멋지게, 풍성하게 하는 스피커가 들어있는 것 같았다. 어느 날 마음먹고 음악을 들을 때는 감동의 도가니다. 특히 비가 오

거나 달빛이 교교한 어느 밤에 듣는 소리는 라디오의 크기에 비해 아름답기 그지없었다.

그분은 많은 오디오쟁이들이 여러 가지의 소리를 즐기다가 맨 마지막에 듣는 것이 라디오라고 했단다.

남편은 자기 방에서 음악을 틀어놓고 누워 감상하는 폼이 제법인데다가, 소리가 너무 좋아 은근히 탐이 난다. 라디오는 작고도 모양이 예뻐 저런 커다란 남자에게보다 내게 더 잘 어울린다는 생각에 라디오를 달라고 졸랐다. 내 방에서 잘 때 저렇게 좋은 소리를 들으며 잠들고 싶었다. 그는 또 아무렇지도 않게 "오~케에에이" 대답했는데 몇 날이 흘러도 자기 방에서 저만 듣는 것이다. 그의 오케이는 승낙의 뜻이 아니라 시끄러운 마누라의 소음을 차단하려는 뜻이 강했다.

어느 날, 내가 외쳤다.

"야!~~~ 그 오케이 좀 하지 말라고~, 무슨 오케이야. 아무거나 다 오케이만 외치고 들어주지도 않으면서, 이제 한 번만 더 '오케이'라고 곡조를 넣어 말하면 밖에서 문을 잠가버릴 거야."

나는 그 방에서 흘러나오는 좋은 음악을 배경으로 삼아, 마구 소리를 지르기 시작했다.

다음날부터 남편은 정말 오케이라는 말을 하지 않았다. 대신에 "아라~써어어어어"라는 말로 갈아탔다.

40년 만에 찾아온
우렁각시

나는 이상하게 물을 만지는 일이 잦거나 길어지면, 손톱 끝의 살이 붓고 거기서 더 진행되면 피가 나기도 한다. 언제나 장갑을 끼고 일을 하지만, 더러는 그럴 수 없는 일도 있어 물을 만지는 일이 반복되면 힘이 들었다.

병원을 부지런히 찾아다녔지만 어디서도 호전될 기미가 없어, 그냥 살면 되지 체념하고 산다. 어느 날 밴드로 손가락 열 개를 모두 감은 것을 보더니, 안쓰러웠는지 설거지를 대신해주겠단다. 못 미더워 슬쩍 들여다보았는데, 나보다 깨끗하게 닦아서 크기대로 차곡차곡 정리도 잘해놓았다. 성격이 치밀하고 틀림없어 맡은 일에 언제나 실수가 없는 사람이다.

'그까짓 설거지 한 번에 뭘 그리 감동을 받고 그러지? 상감마마라

도 되냐?'

우리 세대의 모든 이들이 그랬지만, 결혼을 하면서는 네 일과 나의 일이 정확하게 구분되어 있어, 친정엄마의 어머니가 가르친 대로, 그래서 나 역시 친정에서 엄마가 가르친 대로, 남편을 주방으로 들여보내는 일이 쉽지 않았다. 옳지 않은 일이라 배웠으니 도움을 청하지도 않았다. 사실은 내 일에 기웃대며 참견을 하거나 넘보다가 혹시라도 보일, 나의 실수를 들키지 않으려는 마음이 더 컸다.

설거지 후 손을 씻고 온 남편이 말했다.

"여기에 와 좀 앉게. 나는 내가 가장 좋아하는 일을 40년 동안 했어. 한 번도 싫증을 내거나 그 일을 하고 싶지 않다는 생각은 해본 적이 없었지. 그저 내 일이 즐겁고 행복해서 평생을 해도 좋다는 생각을 했네. 그런데 60 즈음의 어느 날부터 싫증이 나는 거야. 귀찮아 꾀가 나고 자꾸 할 일을 회피하게 되거나, 못 본 척한다든가, 꼭 해야만 할 일이 생기면 다른 젊은이에게 미루게 되더군. 예전엔 나의 일이 천직이라며, 맡겨진 일을 할 때마다 기쁘고 행복했네. 그러니 하는 일마다 예상외로 성과가 컸던 거 같애. 그러던 어느 날부터는 정년이라는 제도가 있다는 게 다행이라는 생각이 들더군. 열심히 일한 만큼 이제부터라도 쉬어가라는 의미가 있는 것도 같고, 우리보다는 총명하고 진취적인 젊은이들에게 기회를 줘야 한다는 생각도 들었는데 다른 한편으로는, 못나게도 그들에게 밀려나는 것 같은 불편한 감정도 생기니 참, 마음이 여러 갈래야. 분명한 건 그들의 앞길을 나이 든 우리가 막아서면 안 된다는 거지."

남편의 자조 섞인 이야기를 들으면서 생각했다.

'거 참 멋지네.'

그의 머리에 새치가 생기기 시작했을 때도, 백발이 되기 시작할 때도, 남편은 늙은 아내가 원더 우먼이나 장원한 스모선수보다 힘이 세고, 용감한 줄 알았다. 전구가 나가도 갈아달라는 소리 없이 척척 갈아 끼우고, 무거운 항아리를 번쩍 들어 옮긴다든가, 벌레가 보이면 전광석화처럼 달려가 맨손으로 철퍼덕 때려잡는 등 못 하는 일이 없다고 생각했다. 그런데 남편은 어떻게 이런 생각을 하게 된 거야? 그 치밀하던 사람 맞아? 말의 내용인즉슨 이렇다.

"평생을 좋아하는 일만 했음에도 얼마 전부터 그 일이 지겨워지고 하기 싫어 꾀가 나더구만. 자네는 똑같은 일을 40년이나 하고, 해도 해도 끝이 없는 단순노동이 대부분이었으니 얼마나 지겹고 힘들었겠는가."

그 이해의 말씀은 내게 상감마마께 성은을 받은 것과 진배없었다.

더, 더, 더, 초대박인 것은, 오늘부터 모든 집안일을 자기가 하겠단다. 설거지며 빨래 털어 널기, 마른빨래 개기, 일주일에 한 번 쓰레기 분리수거, 음식물 쓰레기 버리기, (초파리 발생에 대해 극도로 예민한 탓에 음식물 쓰레기가 생기기만 하면 자동으로 버리러 감) 그리고 집안 청소까지. 벌어진 나의 입을 "턱 빠지겠네" 기꺼이 닫아주며, 말했다.

"알겠지? 이제 좀 편안히 지내게."

곧이곧대로 믿진 않았지만, 말이라도 고마웠다.

그런데, 그냥 해본 말이 아니었다. 그날 이후로 나는 밥솥으로 밥하기, 세탁기로 빨래 돌려놓기, 반찬 만들기까지만 하면 되었다. 남편은 다 된 밥의 아래위를 섞어놓고 마른빨래를 개어놓고, 돌려놓은 빨래를 털어 널고 나면 청소기를 돌렸다. 나는 청소기 돌리는 남편의 뒤, 소파에 앉아 비스킷을 오도독거리며 영화를 보다가 "아우, 저리 좀 비켜 봐" 고개를 이리저리 흔들면, 남편은 얼른 다른 쪽으로 옮겨가 청소를 계속했다. 거기다 외출 시에는 "최 기사~"를 부르면 되었다.

　처음에는 며칠이나 하겠어, 싫증 나면 곧 그만두겠지, 라는 생각에 맘껏 부리리라 생각한 건 오산이었다. 그날 이후로 지금까지 줄곧 그 약속을 지켜왔으니, 남편의 변화는 정말 꿈처럼 믿을 수 없는 일이었다. 모임이 있다든가 할 일이 생긴다든가, 갑자기 주부를 하겠다는 열망이 식은 날에는 더러 파업을 하는 꾀를 내기도 했으나, 나의 큰 아량이 그 정도쯤 못 봐주겠는가, 대개는 나를 도와주었다.

　옛날, 아직은 젊었던 어느 날, 집안일을 하다가 생각했었다.

　'내게 우렁각시가 있으면 참 좋겠다. 집에 들어오기 전에 맛있는 반찬을 해놓고 집안 청소를 모두 끝낸 우렁각시가 내게 인사를 하는 거야. 주인님, 잘 다녀오셨어요?'

　그런데 정말로 그때 꿈꿔 왔던 우렁각시가 나타난 거다.

　남자 우렁각시는 제주에 오면 항상 내 상태를 먼저 살폈다. 차 안에는 오렌지 주스와 에너지 바 등 비상 상황일 때 필요한 먹을 것들을 신고 다녔다. 당뇨가 있어 약을 복용하고 있었는데, 관리를 잘못해 서너 번의 쇼크가 왔었다. 모두들 놀랐으니 컨디션이 조금만 달라져도 서로 긴장한다. 거기에 고혈압까지 있어 이른 아침의 움직임이 어려워 남편의 아침은 늘 외롭다.

그런데 불행 중 다행이라 해야 하나? 남편에게 아주머니 팬들이 생겼다. 아침에는 내가 일어날 때까지 산책 삼아 동네를 한 바퀴 돌아보는데 마치 이장님이라도 된 듯하다. 근처의 집값이라든가 재개발 구역이 어디서부터 시작되는지, 집 뒤로 한동안 올라가면 이 동네의 식수를 해결하는 지하수가 있으며 오래된 우물의 전설과 역사까지 모두 다 꿰고 있었다. 동네 아주머니들과 나눴던 자질구레한 이야기 덕분이다. 그분들은 이미 자기에게 반해서 온 동네에 소문이 났으며, 이야기를 한번 해보고 싶은 아주머니들이 길목마다 기다리고 있단다.

그들과 친해져, 혼자 깨어난 이른 아침이 외롭지 않아 다행이다. 다음에 시간이 나면 그 아주머니들을 집으로 초대해 데리고 오겠단다. 그런들 어떤가, 딴마음 품지 않고 내내 나의 우렁각시로 있어주기만 한다면.

남편이 외출할 때마다, 가진 것 중에서 가장 깨끗한 것을 입혀 내보내며 한마디 보탠다.

"그 나이에 이렇게 멋져도 되나 모르겠네."

그는 부끄러워하며 "이 사람이 쓸데없이…."

영원한 우렁각시로 살게 하려는 아내의 밑밥인 줄도 모르고 당장에 입이 귀에 가 걸린다.

그래, 별것 없다. 이기고 지는 것이 무슨 대순가. 빼앗고 빼앗기는 것이 뭐 그리 중요한가. 상대를 위해 내어놓은 서로의 마음이 진실로 따뜻하다면, 두 손을 잡고 우리의 끝 날을 향해 천천히, 느리게라도 함께 갈 수 있으면 그걸로 되었다.

그의 허벅지살로
밥을 해먹다

　오늘은 피곤하다며 각자의 방에서 뒹굴거리기로 했다.

　거실에는 두 사람의 목소리만 떠돌아다니며 서로의 의사를 전한다. 여기서는 서두르지 않는다. 채근하지 않으며 제주의 구름처럼 느리게 움직이고 천천히 생각하며 편안히 지낸다. 그래도 답답하지 않았다.

　서울에 살 때는 하루를 왜 그렇게 정신없이 보낸 걸까. 바빠서 힘들다고 왜 이렇게 일이 많으냐고 투덜거렸다. 내 앞에 놓인 일들을 해치우느라 숨이 턱에 닿아 나를 돌볼 시간도 없었다. 생각해보면 내일 해도 되고, 모레 해도 되고, 사실은 안 해도 되는 일들까지 모두 다 끌어안고 허둥대곤 했다.

　중요한 일도 아니면서 오늘 하지 않으면 무슨 큰 손해라도 보게 되는 양, 모르는 이와 어깨를 부딪쳐 가며 복잡한 거리를 달렸다. 그러지 않으면 불안했을까. 그렇게 느긋하다 보면 혹시 내가 없어도 되는 사람이라는 걸 모두 눈치채게 될까 봐, 별로 중요하지 않은 사람이라고 생각하게 될까 봐 두려웠을지도 모른다.

제주에서 살다 보면 정말 모자라는 것투성이다. 그러나 단순함을 즐기며 부족함 중에서도 최선을 다하는 시간이 서로를 행복하게 했고, 결코 불편하다는 생각은 해본 적이 없어서, 넘치듯 한 서울의 살림살이가 오히려 의아하기도 했다.

그리 보면 서울에서 누렸던 모든 것들은 욕심이거나 그 욕심에 의한 허상이었다? 소중하다 여겼던 것들이, 생각하면 그다지 중한 일도 아니었고, 오늘 꼭 끝내야만 하는 절박함이 있는 일도 아니었다. 사실은 없어도 되는 것들, 안 해도 되는 것들을 향해 끊임없이 손짓하며 살아왔던 것 같다.

그래서 깨닫는 중이다. 우리가 얼마나 필요 없는 것들에 마음을 두었는지, 부질없는 것들에 대한 욕심으로 얼마나 스스로를 괴롭혀왔는지, 그저 흐르는 대로 흘러가도록 지켜보면 될 일을 더 잘 해내고 싶은 욕심에 그 안에서 허우적대며 힘겨워진 것은 아닐지.

흠! 그러나 나는 바른 정신의 소유자는 아니다. 서울의 내 집에 돌아가 편리하고 익숙한 것을 다시 접하면 또 물욕과 조그만 사치를 위해 정진할 것이다. 돈을 아끼기로 했다. 제주에서 기본적인 경비를 제외하고도 매번 외식을 하게 되니 식비가 생각보다 크게 들

었다. 그래서 나의 노동력을 제공하고 여러 가지 지출을 줄인다면 생활비에 조금 도움이 되지 않을까, 기특한 생각을 낸 것이다.

'어찌 그리도 참한 생각을 했나'라며 세상에 다시없는 현명한 아내라는 것을 알려 주고 말 테다. 늙은 아내의 수발을 때로는 미안해하고 집안일에서 벗어나 여행길에라도 편안히 지내게 하고 싶었던 남편의 마음은 헤아리고도 남았다. 아내가 일어날 때까지 남편은 세탁기를 돌리고 현관 앞의 작은 마당을 쓸고 혼자서 아침을 먹었다. 식사라야 견과류를 요구르트에 섞고 바나나 한 개와 사과 반쪽, 현미 후레이크를 우유에 부어 단촐하게 먹는 것이다. (단촐=대량의 폭식)

혈압으로 이른 아침이 힘든 아내가 일어나면, 천천히 준비해서 어젯밤에 계획했던 곳으로 떠났다.

오늘은 내가 어디에서도 만나기 힘든 아내임을 보여주려 작정하고 나선 길이었으니, 서귀포에서 뭐든지 다 있는 큰 마트로 가야 한다.

그곳은 우리 집에선 거리가 꽤 멀어 서귀포의 번화가를 지나고 그 번화가 끝으로 가면, 서울에서 자주 보던 햄버거 가게며, 초록 머리를 풀어 헤친 로고가 한눈에 들어오는 커피전문점이 있다. 난 그곳이 좋았다. 그러나 절약이 몸에 밴 아내를 보여줘야 하는 날이었으므로, 오늘은 그냥 패스다!

가끔 필요한 것을 사려고 동네 마트에 들르면 사 오는 물품들은 정해져 있었다. 맥주나 막걸리, 마른안주와 과일, 컵라면, 그리고 막걸리 안주 겸, 라면에 먹을 열무김치가 다였다.

오늘은 남편이 좋아하는 김치도 할 것이며, 몇 가지 밑반찬도 할 것이다. 내가 얼마나 살림에 능한 여인인지 보여주겠노라. 남편은 항상 부르짖었다. 이제는 잘 돌아가지도 않는 머리로 눈을 껌뻑이며 음식값을 계산하는 아내를 바라보며 "내게 있는 건 돈뿐이니 그냥 편안히 쓰면 된다"라고.

딸기, 사과, 참외, 대저토마토, 바나나, 그 안에 파는 모든 과일을 종류별로 담고, 또 오이소박이도 하고 깻잎김치도 해야 하니 부추도 필요했다. 빵꾸 난 양말도 사고, 앞으로는 반찬을 해 먹을 테니 조금 깊은 웍도 샀다.

당연히 모자라는 살림이라 대충 해 먹으려 했으나, 오랜 세월을 베테랑 주부로 살아온 탓에 부재료나 조미료가 부족하면 맛을 낼 수가 없다. 거기다가 오랜만에 장을 보니 눈이 뒤집히도록 엔돌핀이 솟아올라, 이 끝에서 저 끝까지 누비며 보이는 대로 장바구니에 던져 넣었다. 난 정말 몰랐다. 그까짓 것들이 그렇게 많은 돈이 될 줄은. 조금 샀을 뿐인데 30만 원이 넘었다.

"어휴, 제주는 서울보다 물가가 비싸네."

장 본 것을 차에 싣고 돌아오며 조그맣게 말했다. 남편은 이렇게 대꾸했다.

"응, 내 허벅지살이 떨어져 나간 것 같네."

집에 돌아와 가득 찬 냉장고에서 물건들을 꺼내 오이소박이와 깻잎김치를 해 넣을 준비를 했다. 그러나 부족한 것들이 또 있어, 오랜만에 보이려는 내 실력에 차질이 생길듯하다. 남편이 근처 마트로 간 사이에 밥을 안쳤다. 중간중간 간을 보라며 남편의 입에 넣어주니 행복한 남편이 말했다.

"나 이 김치에 하얀 쌀밥을 먹겠네."

맛을 보니 내가 만든 김치는 썩 훌륭했다. 당연히 그럴 수밖에 없었다. 이것은 남편의 허벅지살을 떼어내 만든 것 아니겠는가.

다음 날에도 남편의 허벅지살로 장조림과 멸치조림, 그리고 콩장, 연근조림 등 밑반찬을 만들었다. 맛있는 아내의 반찬을 먹으면 허벅지의 아픔쯤은 잊어버릴 것이다. 하얀 쌀밥 위에 멸치조림과 장조림을 커다랗게 얹고, 오이김치와 함께 입이 미어져라 맛있게 먹어야 할 테니까.

2부

손톱과
발톱이
자라는 풍경

손톱과 발톱이 자라는
슬픈 풍경

때로는 기분이 좋은 날, '모든 것이 맑음'이라며 칭찬을 아끼지 않다가, 어느 날엔 똑같은 것을 보면서 갑자기 슬퍼지거나 화를 참지 못하고 감정의 기복이 심해질 때가 있다. 이런 걸 변덕이라고 한다. 나이 먹은 이들의 심술이라고도 한다. 오늘이 내게는 그런 날이다.

한 계절이 곁에서 보이지 않게 사라져갔다. 그리고 다른 계절이 슬며시 다가와 있었다. 5월이다. 조그만 별같이 반짝이던 어린싹들이, 이제 자기도 신록이라며 먼지 하나 묻지 않은 연두와 초록을 자랑한다. 그리고는 작은 바람에도 신이 나서 온몸을 뒤집으며 팔랑인다. 어린 것들은 모두 다 아름답다. 그런데 어째서 그런 풍경들이 슬퍼지는 걸까.

지금은 김녕에 와 있다. 이 동네는 구좌에서는 큰 마을에 속하고,

농촌과 어촌이 함께 해 깨끗하고 편안해 보이는 것이 부자 마을인 가보다. 올레 20코스인 김녕 해안 산책로를 돌아볼 것이다. 바닷길을 한 바퀴 돌아보고 아주 오래전, 바다 속에 잠긴 분화구의 단면이라는 지질 트레일이 어떤 모양인가도 구경할 것이다.

차를 댈 만한 곳에 주차를 하려다 보니, 시멘트 바닥이 우리에게 외쳤다. '못 들어온다. 다른 곳으로 가 버려!' 그곳에는 노란 줄을 쳐 놓고 '길 없음'이라고 쓴, 화가 난 필체의 판대기가 보였다. 누군가 등을 밀쳐내는 것 같은 불쾌함이 느껴진다. 관광지이니 당연하게 사람들이 오갈 텐데 이런 횡포를 부리다니, 마음이 언짢아졌다.

　　그러나 한편으로는 내 집에서 조용히 살아가고 있는데 온갖 사람
들이 모여 시끄럽게 뛰고 달리고, 그래도 참자 하니 젊은 아이들의
웃음소리가 낭자하다. 안에서 느끼는 돌담 밖의 사정이 얼마나 괴
로울까를 생각해봤다. 이곳은 개인의 주택들이 모인 동네이니, 사
실은 관광객이 많아도 아무런 혜택이 없다. 오히려 그런 동네를 지
나가게 된다면, 우리가 발소리를 죽이고 목소리를 낮추는 예절을
갖춰야 할 것 같다.

　　돌담길, 숭얼숭얼 구멍이 뚫린 화산석으로 담을 올리고 사이사이
로 박힌 또 작은 돌들이 힘을 보태고 서 있는, 제주의 아름다운 올레
들. 담들이 엉성해 보여 걱정스럽지만, 폭우나 폭풍이 돌 안의 구멍
속으로 드나들며 절대로 무너지지 않는다. 검은 돌담 때문에 더 아
름다워 보이는 풍차가, 곧이라도 날아오를 듯 하얀 새들처럼 줄지
어 서 있다. 그 곁의 바다 위에 엎드려 밤새워 푸른빛을 퍼 올리고
싶다. 옆으로 나이가 조금 더 들어 보이는 해녀와 어린 해녀 둘이 잠
수복을 입고 테왁을 끼고 가까운 바다로 향한다. 아마도 물질을 가

르치는 중인 것 같다. 어린 해녀 둘이 잠수를 하며 첨벙거리다가 꾸중을 듣는 모양새다. 해녀는 이제 생업이 아니라 직업이 되어 해녀학교에는 많은 처자들이 신청을 하고, 그곳의 학생이 된다고 들었다. 그리고는 해녀 체험학교의 선생이 된다.

한참을 걷다가 여학생들을 만났다. 차림새가 어찌나 멋진지 몸매가 다 드러나는 옷차림인데, 저것이 스커트인가? 모이는 시간에 늦어, 허둥대다가 치마 입는 걸 잊고 뛰쳐나왔나?

어깨 위로 흘러내린 티셔츠를 끌어 올려줄 뻔했다. 여대생들인 줄 알았는데, 아이고, 세종시에서 수학여행을 온 고등학생들이었다. '가뜩이나 흉흉한 요즘인데 너희들을 보면 어머니가 걱정되시겠다.' 정작 아이들은 아무 생각 없이 까르륵대며 해맑은데, 또 쓸데없는 오지랖이다.

풍차가 도는 해맞이로를 따라, 긴 바다를 옆에 끼고 집으로 돌아오는 길, 석양이 쓸쓸해서 오늘이 더 아름다웠다.

샤워하고 머리를 말리다가 들여다보니 손톱이, 발톱이 그 사이에 많이 자라 있다. 이리 늙었어도 살아있다고 새롭게 자라는 것들이 있네. 머리카락이 자라 파마기도 다 풀리고, 자란 만큼의 머리가 이마 위로 하얗게 올라왔다.

'내 몸에서도 새것들이 자라는구나.'

매일 조금씩 늙어가는데도 새로운 무엇들이 자꾸만 자라나, 거기에 비례로 생명에 대한 기쁨과 기대들도 자꾸만 자라났다.

참으로 이상한 죽음과 삶의 경계들. 생육하는 모든 것들은 나고 자라고, 그리고 늙어 소멸하는데, 이렇게 당연한 것을 새로이 기억해 내고 그 뜻을 생각하기 시작하면, 우리는 이미 늙은 것이다. 그것들이 남김없이 허물어져 사라지는 시간은 언제 즈음일까.

남편에게 손톱이 자란 것을 보니 슬프다고 말했다. 이제는 돌아갈 일만 남았는데, 그럼에도 새로운 것들이 자라난다고, 내가 이전부터 어른이었고, 지금은 이미 다 늙었는데 새것을 가진다는 게 염치도 없고 부끄럽다고. 남편은 자기가 더 어른인 것처럼 말했다.

"어른임을 알았으면, 스스로 조심해야 할 것들이 많아진다네. 부끄럽지 않은 어른이 되기를 노력하면서 나머지 삶을 살면, 나중에는 부처님처럼 빛깔 고운 사리가 나올 거야."

나보다 8개월이나 덜 산 주제에 잘난 척하며 말했다.

그 중의 첫째가 입 다물기라고 한다. 지금껏 아주 많은 말들을 하며 살았는데, 좋은 말들이 얼마나 될지 헤아려 보라고 했다. 알게 모르게 옳지 않은 말들을 했을 테고, 사람들이 모르는 거짓말도 했을 것이며, 허황된 이야기로 다른 사람을 현혹시켜 득을 본 일도 있을 테니, 지금부터라도 말을 줄이고, 상대의 이야기를 될 수 있는 한 많이 들어주란다.

두 번째로는 주머니를 열면 된다고 했다. 나보다 덜 살았다면 경제적인 것도 나이만큼 덜 가졌을 테니, 나보다 어린 사람을 만나거든 무조건 주머니부터 열라고 했다.

우선 그 두 가지를 실행하는 일로부터 부끄럽지 않은 어른이 되는 길이니, 그중 처음인 말 줄이기부터 시작해 보라는 것이다. 그러잖아도 오늘은 아침부터 이유도 없이 우울했는데, 다 듣고 나니 더욱 슬퍼졌다. 더구나 그 둘은 내가 지키려 해도 도저히 지킬 수 없는 행위이므로 화도 났다. 그는 필시 내가 말이 많다는 것을 우회적으로 상기시키고 있는 것이다.

못된 오기가 동해, 간신히 "그래"와 "아니"라는 대답만 했고, 어떤 내용의 상황에도 하고 싶은 말을 참았다. 식사가 끝나면 비록 그의 통장이지만 후다닥 일어나 계산을 하려 뛰어나갔다. 돈이야 남편의 통장이니 상관없이 휘둘렀지만, 말을 안 한다는 건 참으로 어렵고도 힘들었다. 하지만 두고 보란 듯 참았다.

며칠이 지난 어느 날 남편이 눈치를 보며 말했다.

"어이, 그냥 말을 하세. 내가 너무 심심해서 안 되겠네. 그리고 돈을 쓸 때, 자네 돈을 쓰라 했지 누가 내 카드를 쓰라 했나?"

그동안의 우울이 내게서 슬쩍 떠나갔다. 공연한 슬픔이 사라졌다.

고근산을 오르다
슬며시 그의 손을 잡다

12시 20분에 고근산으로 가기로 한다.

고근산은 우리 동네인 서홍동 근처에 있는 오름이다. 다른 오름이나 둘레길을 다닐 때마다 그 앞을 지나치게 되어, 집 근처에 있으니 언제라도 갈 수 있다며 미루어둔 곳이다. 집 근처 슈퍼에서 산, 오래되어 물컹해진 단무지를 바꾸고, 저녁에 해 먹으려는 냉면에 맵게 양념을 해 무쳐 넣을 오이도 두 개 샀다.

서귀포 서홍동에 있는 고근산은 올레 7-1길이기도 하다. 또 또, 아는 척이다. 이것은 길의 입구 쪽, 누구나 볼 수 있는 안내판에 적혀 있는 것을 슬쩍 커닝한 것이다. 제주 여행을 하면서, 지리나 오름의 특성이나 귀한 역사를 다룬 내용에는 마음을 두지 않았다. 그만한 전문지식을 갖추지 못한 때문이다. 모두들 관심이 많은 맛집도

염두에 두지 않았으니 소개하기 어렵다. 인터넷에 넘치는 정보와 정확한 내용들이 차고도 넘쳐, 내 눈으로 어렴풋이 본 것들이나 제주를 몇 번 왔다 갔다는 것만으로 이곳을 이야기하는 것은 분수에 넘치는 일이다.

그저 고요와 어디에든 있는 바람과 비 내리는 어느 날 검게 젖어가는 돌담 사이에 오래오래 서 있을 수 있으면 좋았고, 뜨거운 햇볕에 지치면 숲 그늘을 찾아 앉아 바람에 땀을 들이는 그런 시간이면 족했다.

입구에서부터 500미터 거리다. 12시 40분경 주차장에 도착했는데 비가 내렸다. 우비를 꺼내 입고 산길을 걷는데, 산길에 핀 빨간 왜철쭉이 우리를 반긴다. 비가 내려선지 인적이 없다.

우리가 나서는 길은 관광지이거나 주말이 아닌 탓에 언제나 호젓하다. 아마 젊은이들이 이런 길을 오르면 정상까지 아마도 열 번이 넘는 뽀뽀를 나눌 것이다. 우리는 나이 들어 이제 어디에 마음을 두

고 살아야 할까. 세상사 무엇에도 절실하지 않으니 조금 서글퍼졌다.

매일같이 물일을 하느라 주부습진에 걸렸다는 남편의 손을 위로 삼아 잡아 주었다. 모른 척하고 걷던 남편이 슬며시 손을 뺀다. 앞쪽에서 동네 산책 중이던 아저씨 한 분이 내려오는 중이다. 나는 그의 손이 못 빠져나가게 손아귀에 힘을 주었다. 남편은 진저리를 치며 내 손을 뿌리쳤다.

"참 내, 저이가 보면 무슨 늙은 영감과 젊은 과수댁의 불륜인 줄 알겠네."

가끔 주부가 다 된 남편을 놀려먹는 일은 오지고 재미나다.

비는 걷기에 부담스럽지 않을 만큼 내리고, 그 덕에 인적이 끊긴 호젓한 길은 더없이 좋았다. 걸을 때에는 맑은 날보다 약간 흐린 날이 편안하다. 오름은 올레길로도 갈 수 있고 정상까지 바로 오르는 길도 있는데, 능선길이라 좋다. 계단이 나오면 정상에 오를 때까지의 계단 수가 적혀 있다. 올라가면 원형의 분화구를 따라 한 바퀴 돌아볼 수 있다. 그래봤자 왕복 한 시간 정도지만. 한라산이 바로 앞에 있고 서귀포 시가지가 다 보였다. 낯익은 범섬도 보인다. 언제 어디서나 제주는 새롭다.

2시 20분 즈음 내려 올 때는 비가 거의 그쳐 있어 한 군데를 더 들러도 좋을 것 같아 의논한다. 어디를 가 볼까. 모세의 기적이 나타난다는 서건도 어때?

그곳은 조수간만의 차이가 클 때, 한 달이면 열 번 정도 섬으로 가는 길이 열린다. 길이 열리면 재미 삼아 고동이랑 조그만 소라를 건지며 여인네들이, 아이들이 가끔씩 엎드려 있다.

마침 물이 빠져 섬으로 들어가 볼 수 있단다. 나도 무언가 생산성 있는 일을 해보고 싶어 두리번거렸으나 비닐 봉다리 하나 없는 빈 손이 야속하다. 몇 개의 고동을 주웠다가 "좋은 사람 만난 줄 알아라" 하며 놓아주었다. 소주병 같은 파란 유리 조각을 주워, 걷는 내내 들고 다니면서 내가 참 착하다고 생각했다. 누군가의 발바닥을 위해 선행을 한 셈이므로, 집에 가서 일기장의 '착한 일' 적는 칸에 꼭 써넣기로 했다.

연세가 있으신 듯 보이는 아저씨 두 분이 물이 빠진 돌길에서 평평하고 큰 돌을 옮기고 계셨다. 그 돌들은 무거워서 들기에도 쉽지 않아 보였다. 한쪽 옆, 반듯한 돌 위에 올려놓은 라디오에서는 많이 들어본 옛 노래가 쿵짜자 작작, 흘러나오고 있었다.

"무거운 돌을 어디에 쓰시려고요?"

때마침 울퉁불퉁한 돌길에서 엎어질 뻔한 남편을 바라보며 한 분이 말했다.

"여기 오는 사람들 넘어지지 말고 잘 드나들라고요."

내 참, 하필이면 왜 저분들 앞에서 넘어지려고 난리냐구…. 고맙게도 평평하게 돌을 놓아 섬으로 들어가는 길을 만들고 계셨다.

육지에서 서건도로 들어가는 모세의 바닷길이다. 지금 건너가면 한 바퀴 돌아 나올 수 있다고 하면서도 사실은 볼 것이 없다고 하셨다. 그렇지 않아도 의심이 많은 우리 부부는 들어가지 않을 요량이었다. 그분들은 마을 공동체에서 나왔으며, 여러 가지 마을을 위한 사업에 참여하고 계신다고 했다. 우리는 아저씨들 옆에 쪼그리고 앉아 이것저것 이야기를 나눴다.

이곳은 큰 제방이 가로막아 물이 드나들지 못해 고여 있다 보니, 주변의 웅덩이들이 부패되어 썩은 도라고 불렸는데, 지금은 아이들이 물놀이를 할 만큼 정비가 잘 되었다고 한다. 애써주시니 감사하다는 인사를 하고 돌아오는 길에 보니, 패들보드나 스노클링을 즐기려는 사람들이 많이 모여 있다. 주변의 펜션이나 카페가 그들을 위한 곳이다. 주차장으로 가는 길에 다시 내리기 시작한 빗방울이 제법 굵다. 우리에겐 우비가 있으니 폭우로 쏟아져도 좋았다.

집에 돌아와 냉면을 삶고 아침에 사두었던 오이를 절여 꼭 짜서 빨갛게 무쳤다. 달걀도 삶아 얹었는데, 거짓말을 조금 보태자. 사 먹는 냉면보다 훨씬 맛있었다. 정말이다.

놈팽이?
거지 부부?

오늘은 안덕계곡으로 간다. 중문초등학교 앞에서 202번 버스를 탔다. 20분 정도 달리자 도착했다.

계곡을 끼고 걷기 시작했다. 양지쪽 편한 자리에 현무암으로 둥글게 터를 잡은 무덤들을 자주 만났다. 나는 먼저 간 그이들에게 작게 인사를 건넸다.

"안녕하세요? 편안하시지요?"

밭 사이에, 오름길에 그들은 편안히 누워 쉬고 있었지만, 그들의 잠도 앞으로는 그리 편안치 않을 것이라 여겨져 조금 마음이 쓰였다. 예전과는 달라진 여러 가지 상황으로 인해 묘지를 정리하여 이장을 해야 하는 모양이다. 파헤쳐진 돌담 안쪽으로 번호가 쓰인 패찰이 놓여있거나, 이미 정리가 끝난 자리를 보게 되었다. 산 사람을 위해 필요한 사업이겠으나, 죽어서도 편안치 않을 그들이 안타까웠다. 연고자의 유무를 떠나 모두 편안히 쉴 수 있는 자리에 제대로 모셨기를 바랐다.

안덕계곡은 제주에서는 보기 드문 곳이다. 제주의 계곡은 대부분 물이 말라 있어 바닥이 드러나 보이는데, 안덕계곡은 용천수가 여기저기서 흘러나오니 마르지 않는단다. 걷는 양쪽에 나무들이 무성한데, 내가 아는 나무는 후박나무와 담팔수, 붉가시나무 정도다. 그저 새파랗게 자라는 상록수면 되었다. 가는 내내 멋진 기암괴석을 끼고 맑은 물이 흘렀다. 바다에서나 보던 주상절리도 있고, 옛날에는 사람들이 살았다는 선사시대의 동굴도 볼 수 있었다.

볕에 바래 제 색을 찾을 수 없는 빨갛고 파란 올레길 리본들이 바람에 날렸다. 계곡 위쪽에선 산방산이 우뚝하고, 당연히 푸른 바다도 거기에 있다. 간식을 조금씩 나눠 먹고, 진모르동산 쪽으로 길을 잡아 걸었다. 걷기 좋은 길. 언제나 초록이 곁으로 달려와 함께 한다. 걷는데 조심 또 조심해야 할 것은 말분(馬糞)이다.

"어! 이눔 시키들이 화장실로 안가고…."

더럽다며 이리저리 피하는데, 또 남편이 한마디 한다.

"자네 것보다 훨씬 깨끗하네."

옛날에 시골에선 쇠똥이나 말똥을 잘 말려 불을 때기도 했단다. 어릴 때 썰매를 타다가 추우면 썰매 앞에 난로처럼 불붙인 말똥을 올려놓고 달렸다고 한다. 미심쩍은 얼굴로 바라보니, 서울 촌것이

라 그런 것도 모른다고 큰소리다. 아무래도 시골살이를 모르는 아
내에게 또 뻥을 치는 것 같다.

화순항으로 넘어와 평점이 4.9나 되는 음식점을 찾아갔지만 재료 소진이란다. 허기진 채로 근처에 있는 돌솥밥집으로 갔다. 다행히 식사를 할 수 있었다. 쥔마님은 찬그릇을 집어 던지듯 패대기를 쳤지만, 반찬이 맛있어 참았다.

옆자리에 여인 두 명은 서울서 배낭여행을 왔단다. 그녀들은 안주도 없는 소주를 두 병이나 시켜 마시고 있었다. 우리가 아직 손대지 않은 고등어구이가 있어, 먹으려나 물었더니 반색을 한다. 맛있게 먹다가는 낮술이 조금 민망했는지 남편에게 말했다. 자기네는 그냥 가정주부이며 친구라고.

남편은 자기에게 반해서 말을 시키는 줄 알고 점잖게 또 잘난 척이다. 오랜만에 친구와 함께하는 길이 얼마나 좋으냐고, 천천히 마시라며 보기 좋다고 덕담까지 했다. 만일 내가 그랬단 봐라, 이 여편네가 미쳤나 하며 골방으로 끌려 들어갔을 것이다. 쥔마님이 그들에게도 반찬을 던지다가(?) 고등어 접시를 보더니, 우리를 힐금 바라보았다. 그들은 식사 후에 산방산 온천으로 간단다.

버스를 타러 가는 길에 24시간 편의점이 보였다. 오름이나 둘레길을 걷다가 지칠 무렵이면 남편이 제일 반색하는 것이 편의점의 나무 데크에 앉는 일이다. 거기서 종이컵 두 개와 나무젓가락, 그리고 신 열무김치 한 봉과 분홍 막걸리를 사는데, 꼭 나를 시킨다. 계산할 때마다 내가 대낮부터 술만 마시는 놈팽이라도 된 것 같아 민망했다. 근처 술집이라도 가면 될 걸, 왜 그러냐고 투덜대니, 이렇게 말한다.

"눈앞에 저렇게 멋진 바다가 펼쳐져 있고, 등 뒤로는 산방산이 보이고, 막걸리 한잔에 신 김치 하나면 온갖 시름이 없는데, 이 행복을 어디 가서 살 수 있겠나."

서울서는 감히 생각하지도 못했던 그것을 호강이라며 실눈이 되는 거지 남편.

집에 오는 버스를 탔다. 꾸벅꾸벅 졸다가 내렸는데, 남편 손에 검은 봉지 하나가 들려 있었다. 앞에 앉았던 아주머니가 자리에 봉지를 두고 갔더란다. 들여다보았더니 귤이길래 가지고 내렸다니 참, 이제야 거지 남편이 철이 드는구나. 집안 경제를 다 생각할 줄도 알고.

아까 만난 그녀들은 온천에서 피곤을 풀고 뽀얀 얼굴과 매끈해진 피부로 꿀잠에 들었을 테고, 우리는 주워온 귤을 까먹었다. 달고 맛있었다. 그리고 내 다리 만세! 오늘은 20,915 걸음이다.

고사리 포로
만들기

사람들이 사방에 엎드려 있었다.

4월 초순이었다. 주차장에서 올라가는 길의 가로수가 모두 벚나무인 이승악에 왔다. 양쪽의 벚나무들은 아주 오랫동안 우리를 위해 늘어서 있다. 꽃이 이렇게 아름다운데, 더러는 뽀얗게 피어나고 더러는 팔랑거리며 날리는, 그런데 그 찰나의 황홀함을 놓치면서 그녀들은 풀 섶에 엎드려 뭘 하는가, 궁금해서 물었다.

"아, 이거요."

손에 들린 것을 보여주는데 고사리다. 아니, 여행 와서 길어야 3, 4박이나 하고 돌아갈 텐데 웬 쓸데없는 해찰이냐. 친구 사이로 보이는 그들은 남편을 집에 두고 온 덕분에, 큰 소리로 떠들고 박장대소해도 되는 일탈이 즐거울 뿐이다. 그녀들에게 중요한 것은 고사리도 아니고 벚꽃이 피고 지는 아름다움도 아니다. 아내와 엄마의 자리에서 벗어나, 그것들의 꼴을 보지 않아도 되는 여기에, 혼자라는 오롯한 자유가 그녀들을 저리 행복하게 만드는 것이다. '그런 그대들을 이해한다.' 혼자서 고개를 끄덕였다.

그날 이후에 밖엘 나가면 이상하게 고사리 뜯는 사람만 보였다. 제주에서의 4월을 몇 번 보내면서도 고사리에는 관심도 없어, 뜯는다는 일은 생각해 본 적이 없었다. 걸어가는 수풀 아래도, 앉아 쉬는 자리에도 고사리가 지천이지만 내게 그것은 그저 특별한 날, 나물이나 육개장을 끓일 때 조금씩 사 오면 되는 정도였으니 욕심을 부릴 일이 아니었다.

그러던 어느 날 숲길을 걷는데, 고사리가 보여 그것들을 따 모으기 시작했다. 그녀들이 자랑스레 보여준 고사리보다 훨씬 가지런하고 끝부분이 동그랗게 말려 예쁘기까지 하다. 재미도 있어 허리

에 멘 쌕이 가득 차도록 땄다. 머리털 나고 처음으로 생산적인 일을 한 것 같아 남편에게 이것 보라고, 돈 벌었다고 자랑했는데 그이도, "응, 좋구먼." 칭찬의 의미다.

산길을 걷다가 등에 멘 배낭이 묵직하고 한 손에는 반 정도 찬 비닐 백을 든 아주머니를 만났다. 고사리를 어디서 저리 따셨을까.

"저도 고사리 많이 땄어요."

말을 건네 보았다. 그녀는 내 가방을 슬쩍 들여다보더니 느닷없이 휙휙 집어 던진다.

"아이고, 뱀고사리만 그득하니 땄네. 이건 못 먹어."

비닐 가방을 열어 보여주셨다.

"이런 걸 따야지."

말이 끝나자마자 쌩하니 가버리신다. 나는 흙바닥에 내던져진 뱀고사리를 물끄러미 바라보았다. 조금 눈물이 날 것 같았다. 저것을 모으겠다고 풀 섶에서 눈도 못 떼고 얼마나 열심히 찾았는데…. 남편이 다가와 등을 두드렸다.

"다음에 내가 고사리 한 가마 따 줄게."

그가 진심을 다해 나를 위로했다.

'오 예, 드디어 걸려들었군. 너는 이제 나의 고사리 포로다.'

그날부터 나는 고사리 채취를 위해 피나는 공부를 했다. 이론을 마스터하고 실습까지 몇 번을 다녀온바, 어느새 전문 고사리꾼이 되어 있었다. 고사리를 채취하는 특별한 장소는 없다. 아무 데나 지나가다가 차가 많이 서 있으면 그곳으로 들어가면 된다. 주인이 있는 밭이어도 뭐라지 않는다. 두 달여를 쉼 없이 나고 자라니, 고사리가 다 피어서 못 먹게 되는 것보다 필요한 이가 가져가는 게 옳다.

제주의 4월은 고사리 장마라 해서 비가 많이 오는데, 비 온 다음 날엔 싱싱한 고사리를 채취할 수 있다. 전문 고사리꾼들이 새벽에 한차례 훑어가고, 7시경에, 그리고 나같이 게으른 사람들은 10시와 오후 2시 정도에 가면 다시 올라온 어린 고사리가 많아 빈손으로 돌아가는 사람이 없을 정도다. 전문 고사리꾼들은 좋은 고사리가 나는 장소를 서로 비밀로 한다. 그리고 그들은 새벽에만 다닌다.

우리같이 여린 여인들은 그런 깊은 곳에는 갈 수도 없고, 가고 싶지도 않다. 산이 너무 깊어서 어둡고 음침하여 무섭기 때문이다. 고사리를 욕심

내다가 남편도 잃고 아이들도 잃고, 또한 한참 좋은 나이에 먼저 갈 수도 있으니, 누구 좋으라고 내가 그 어두운 숲으로 들어가겠는가. 고사리 판 값과 비교도 안 되는 내 돈을 다 써 보지도 못하고, 가진 게 돈밖에 없다는 남편을 행복하게 하며 먼저 갈 수는 없는 일 아닌 가. 고사리가 백만 개 있어도 나는 안 간다, 절대로 못 가지.

고사리는 풀고사리와 먹고사리가 있는데, 먹고사리가 훨씬 크고 맛이 좋아 밥상 위의 쇠고기라고도 한단다. 상점에 팔 때는 돈도 훨씬 많이 쳐 준다니 나도 다음에 고사리를 딸 때 먹고사리를 마아~니 따서 팔 테다. 채취한 고사리를 사는 상점이 많아서 서너 시간을 따면 하루에 15만 원에서 20만 원 정도를 벌 수 있다니, 두 달을 꼬박 모으고 나면 꽤 큰 목돈을 만질 수 있어, 주로 일이 없는 할머니나 아주머니들이 부지런히 오름으로, 숲으로 찾아 나선다. 남편은 내게 말했다.

"나는 먼저 갈 테니 고사리 철이 끝날 때까지 여기에서 쭈욱 살다 오게. 자네가 좋아하는 돈이 엄청 될 거여."

고사리는 얼마나 매력적인 식물인지, 아름다운 여인처럼 사람을 홀린다. 톡톡 따는 손맛에 취해, 엎드린 채로 앞이나 옆에 보이는 고사리를 따라갔다가 실종되는 사람도 많다고 들었다. 깊은 계곡으로 발을 헛디뎌 심하게 다치는 이도 생겨서 고사리 철이면 곳곳에 현수막이 걸린다. 조심하라고, 필히 휴대폰을 소지하고 두 사람 이상이 꼭 함께 다니라고.

고사리는 줄기를 손으로 훑어 내려가다가 부드럽게 끊기는 자리를 찾으면 되는데, 억센 부분에선 꺾이지 않기 때문에 몇 번 해보면 느낌으로 알 수 있다. 비 온 뒤의 고사리는 돌아서면 자라고 눈앞에서도 자란다고들 한다. 정말인가 하여 유심히 살폈다. 돌아서서 들여다보면 정말 쏘옥 올라온 고사리가 있어, 좀 전에 채 보지 못했던 고사리일까? 새로 올라온 고사리인가, 분간할 수 없었으나 돌아선 자리에서 연하고 예쁜 줄기를 땄다.

한 가지 이상하면서도 행복한 일이 있다. 앞서서 숲을 이 잡듯 뒤지고 간 사람의 뒤를 따라가며, "저이가 모두 뜯어 갔으니 뭐가 남았겠어" 툴툴거리는데 지나가던 아주머니 한 분이 환하게 웃으며 한마디 했다. 그래도 남은 게 있다고, 고사리들은 꼭 제 주인에게 간다고. 그래선지 고사리는 어디에든 있었다. 사람들이 지나간 후에 찔레 덤불 사이에 숨어 있기도 하고 마른 잡초들 사이에도 가만히 숨어 제 주인을 기다렸다.

어때? 이 정도면 전문 고사리꾼 못지않다. 나는 이제 전문가가 되었다. 얼마 전에는 고사리 포로도 하나 만들어 놓았겠다, 어디 이제 비만 내려라. 제주의 고사리들아, 기다려라, 내가 간다!

어느 운수 좋은 날

10시 20분에 솔오름으로 출발했다.

서귀포시 동홍동에 있는 솔오름은 주인댁에서 추천해 준 곳이기도 한데, 주차장에 차를 세우고 왕복 한 시간이면 쉽게 다녀올 수 있다고 했다. 그녀는 아침마다 솔오름에 올라간단다. 나는 집 근처에 있는 오름이니 멀리 다니다가 서울에 가기 전에 다녀오자고 했다. 서울로 돌아갈 날이 2주가 채 안 남았다. 간간이 비가 내렸지만, 가까우니 바로 오늘이다 싶었다.

솔오름은 소나무가 많아 붙여진 이름이 아니라 멀리서 바라보면 능선이 부드러운 곡선으로 살 같다고 그렇게 불렸다고 한다. 아마도 아래 '아'가 활용되었으리라 짐작한다.

오름은 화려하지 않았다. 얌전하고 담담한 것이 꼭 나를 닮은 오

름이다. 웃기지 말라고? 한번 가 보시
라. 나를 아는 사람들이 다녀온다면
아, 꼭 닮았구나, 할 것이다.

어느 오름이나 쉬운 곳은 없지만,
솔오름도 가볍게 볼 일은 아니다. A
코스와 B코스가 있는데 A코스가 훨
씬 쉽다니 그리로 올라갔다. 가다 보
니 폐쇄된 길이 나왔지만, 우회하여
올라갈 수 있었다. 정상에 서니 한라
산이 한눈에 들어온다.

우리는 서홍동에 살고 있는데, 우리
동네에서도 눈을 들면 한라산이 가까
이 보였다. 아침을 먹고 신나게 팔을
흔들며 뛰어오르면 금방이라도 가 닿
을 것처럼 보이는 한라는 정작 오르
려 하면 어찌 이리 어려운지. 마음먹
고 한 번은 꼭 가봐야 한다며 예약을
하고, 마음을 잘 다스려 그날을 기다
렸으나 폭우가 심해 예약을 취소해야
했다. 일단 예약했으면, 천재지변의
이유라도 다시 홈피에 들어가 취소를

해야 한다. 그러지 않으면 패널티가 생겨 다음번에 오르는 일이 쉽
지 않게 된다.

솔오름에 올라가 사방을 둘러보니 가슴이 확 트인다. 땀도 적당히
나고 힘들게 오른 만큼 기쁨이 컸다. 어디서나 다른, 제주의 아름다
움이 여기서도 한 몫을 단단히 했다.

슬슬 하산을 준비하는데 자꾸만 웃음이 나와 남편에게 들키지 않
으려고 다른 곳을 쳐다봤다. 아까 산에 오르기 전 고사리가 엄청 많
이 눈에 띈 탓인데, 남편이 무슨 심술을 부릴지 몰라 고사리를 만나
면 생전 처음 보는 듯해야 했다. 남편은 고사리만 보면 행복해하는
아내에게, 제주에 좋은 것이 얼마나 많은데 그까짓 고사리밭에 엎
드려 시간을 다 보내느냐고 지청구를 하기 때문이다.

남편이 먼저 고사리를 가리키며 말했다.

"자네 좋아하는 고사리 저기 많네."

"어디, 어디에 있다는 거야?"

나는 일부러 고사리가 안 보이는 소나무 숲을 바라보며 내숭을 떨었다. 그는 이미 나의 수작을 다 알고 있다는 듯 대꾸도 없이 바닥에 엎드려 고사리를 끊었다. 나는 남편에게 "천사야, 천사" 호들갑을 떨었지만, 뒤에 어떤 일이 기다리고 있을지 그때는 정말 몰랐다.

비가 온 뒤라선지 찔레 덤불과 축축한 풀숲에 뾰족하게 솟아오른 고사리가 나를 바라보고 있었다. 한자리에서 6~7개가 한꺼번에 솟아있으니, 이런 일은 처음이다. 언제나 나의 배낭 안에 남편 몰래 넣고 다니던 고사리 전문 가방을 꺼내 고사리를 꺾어 넣기 시작했다. 며칠 전에도 고사리를 보며 눈을 빛내는 나를 보고 쓸데없이 엎드려 헤매지 말고 마른 고사리를 사라고 했었다.

모르시는 말씀. 그 기쁨을 어쩌라고. 줄기를 훑어 내려가다 보면 손끝에 느껴지는 부드러운 자리. 그쯤에서 톡! 끊어지는 투명한 느낌. 그 아래쪽을 억지로 끊으면 빳빳해서 먹을 수 없다.

고사리가 지천인데 고사리를 탐내는 사람들이 아무도 없었다. 저녁 시간이 다 되었고, 또 비가 간간이 내려 극성맞은 여인네들이 나오지 않은 탓이다. 그녀들이 열 개를 끊을 때 나는 겨우 한두 개를 딸 수 있었으니, 그때마다 입을 비죽대며 그녀들의 뒤통수를 노려본 일이 후회되었다. 그녀들이 밥하는 사이에, 엄청난 횡재를 한 덕분이다.

가방이 두둑하게 고사리를 끊었으니 내려오는 발걸음도 가볍다.

아내의 환한 얼굴을 바라보는 남편의 얼굴도 밝다. 이상하게 나는 땅에 얌전히 솟아오른 조그만 고사리를 꺾을 때, 그는 덤불 속에 있는 연필만 한 고사리를 찾아냈다. 내가 딴 고사리보다 열 배는 더 크다. 남편이 찾아준 굵은 고사리 덕분에 가방이 금방 불룩해졌다. 이렇게 흡족하게 고사리를 따 모은 일은 없었는데, 남편에게 잘해야지, 정말 나는 시집을 잘 온 것 같다.

산을 거의 다 내려와서 남편이 말했다.

"저기 연필보다 굵은 고사리가 있는데, 꺾으려나?"

당연하지! 그가 가리키는 곳을 보았을 때, 연필만 한 것이 아니라 우산대만 했다. 그런데 거기까지 가려면, 찔레 덤불이 심하게 우거지고 거친 돌바닥이라 들어가기가 쉽지 않을 것 같았다. 그래도 내가 누군가. 남편에게 부탁했다. 스틱으로 찔레 덤불을 좀 정리해 달라고. 그는 마른 풀이 너무 우거져 있다며 그냥 가잔다. 말이 끝나기도 전에 나는 이미 찔레 덤불을 헤치고 있었다. 이렇게 멀리 있는 것을 어떻게 본 걸까. 분명 고사리의 천사가 남편을 보살피고 있는 거다.

드디어 우산대만 한 고사리를 꺾어 들고 환하게 웃으며 수풀 밖으로 나올 수 있었다. 거의 다 헤치고 나왔을 무렵, 찔레의 큰 가시를 피하려다 나는 돌무더기 위로 무릎을 꿇고 엎어졌다. 일어서려는데, 왼손에 든 고사리가 부러질까 봐 오른손밖에 쓸 수 없으니, 어깨를 돌무더기 위에 찧으며 또 한 번 쓰러진 것이다. 어허, 이 굴욕!

고사리 한줄기를 지키겠노라는 일념으로 왼손으로는 힘을 줄 수 없어, 얼굴을 돌 위에 갈게 생겼다. 무릎과 어깨에 힘을 잔뜩 주고는 정신을 차리고, 도움을 청하려 덤불 밖에 서 있던 남편을 바라보았다. 그의 얼굴에 번진 웃음은, 내가 8년 만에 그에게 안겨주었던 아들을 품에 안은 얼굴과 꼭 같았다. 얼굴까지 찧기 직전, 간신히 빠져나온 내가 그를 노려보았다.

아내가 그 위험하고 거친 덤불 속에서 엎어졌는데, 잡아 줄 생각도 들지 않더냐고 따져 물었다. 거기가 너무 좁아 발을 디딜 수가 없어 도와주지 못했단다. 그는 여전히 웃고 있었다. 나 같았으면 남편이 그 지경이 되었을 때 온갖 것을 다 내던져, 그를 구하려 달려들었을 것이다. 두고두고 생각했다. 그때 그는 왜 그렇게 환하게 웃었을까.

바람이 불어
밥만 먹었다

올레 20길이던가. 세화. 이 마을의 지명이 어때?

내가 남자였다면 세화라는 이름을 가진 여인을 죽도록 사랑하려고 마음먹겠다. 세화는 배를 타고 나간 정인이 돌아오도록 바다 앞에서 매일 해가 저물도록 기다리고 있는 거야. 하지만 그이는 끝내 돌아오지 않지. 그러면 나는 같이 기다려 주는 척하며 그녀를 위로하다가, 그녀가 나의 따스함에 기대어 올 때쯤 그녀를 차지하는 거야.

쳇! 내가 드라마를 너무 많이 보았나?

어쨌든 이름이 너무 쓸쓸해서 그 바다가 또 그렇게 쓸쓸할까 봐, 나는 그곳에 여러 번 다녀왔다. 파도로 하얗게 다가왔다가 멀어지며, 쪽빛으로 넘실대는 일밖에 할 줄 모르는 바다를, 늘 같은 모양의 그를 사람들은 지치지 않고 사랑했다. 바닷가 기슭에 가만히 서 있으면 가끔씩 그 푸르디푸른 오묘한 빛의 바다로, 찰박찰박 걸어 들어가고 싶었다.

우리는 딸에게도 아름다운 세화의 바닷길을 걷게 해주고 싶었다. 하루에 12시간씩 일하는 그녀의 눈을, 그리고 피곤에 지친 마음을 씻어주고 싶었기 때문이다. 여기 있는 동안 온전히 자신만을 위해 모든 시간을 쓸 수 있기 바랐다. 아름답고 편안한 이곳의 풍경 속을 걷고 또 걸어 지쳐가고 있는 마음에 위로가 되게 하고 싶었다.

10시 20분에 출발했다. 세화를 곁에 두고 걸어볼 예정이다. 이번에는 지난번 걸었던 시작을 되짚으려 한다. 도두항에 차를 두고 걷기 시작해 해녀박물관까지 걷는 긴 거리이다. 만일에 도착하게 된다면 버스를 타거나 택시를 타고 도두항으로 돌아와야 한다.

말 없는 그녀를 앞세우고 걷고 또 걸어 하도해수욕장에 도착했다. 온갖 빛깔의 푸름이 펼쳐진 바다는 아름다움을 잊은 듯 무심했지만, 우리는 또 수도 없는 초록에 말을 건넸다.

"저기 바다에 반짝이는 물결 말이야, 옛날에 엄마는 그 반짝임을 물비늘이라고 불렀어. 그건 바람의 발자국이야. 저 건너 맞은편에서 수많은 빛을 뿌리며 빠르게 내게로 달려온단다. 밤이 되면 또 물비늘에 달빛이 어룽대며 긴 강물을 건너 천천히 내 곁으로 오곤 했어."

딸은 말 같지도 않은 찢어진 백과사전에서 본 듯, 앞뒤도 맞지 않는 엄마의 이야기를 언제나 경청해주었다. 그런데 얼마 전에 국어학자들이 정했단다. 물 위의 반짝임을 순우리말로 '윤슬'이라 부르기로.

벌써 1시 50분이다. 터덕터덕 쉬면서 천천히 걸어도 시간이 되면 배는 고프다. 딸이 근처에 있는 맛집을 찾았는데, 가서 보니 문을 닫았다. 제발 문 닫을 기운이 있으면 음식을 만들어 팔아라. 심술 난 입이 가만히 안 있었다. 또다시 걸어야 했다. 11월이라 날씨가 고약해 바람이 심해졌다. 머리카락이 사방으로 날리고 옷자락도 모두 뒤집힌다. 장소를 잘못 택한 모양이다. 바람이 불면 잔잔한 숲으로 들어가야 하는데.

다시 밥집을 찾아 걷다가 우연히 한 음식점을 발견했다. '바람에 스치운다'라는 상호가 보이는데, 음식점의 이름치고는 엄청 문학적이다. 이름만 못한 맛이면 가만히 안 둔다. 맛도 없는 밥에 시적인 표현이라면 참을 수 없을 것 같았다.

실내가 차분하고 정갈했다. 깨끗한 앞치마를 두른 기품 있어 보이

는 주인이 서빙을 했는데, 8가지 나물이 바구니에 담겨 나왔다. 메뉴 이름이 '하도 비빔 차롱'이었는데, 차롱은 제주 방언으로 바구니라는 뜻이란다. 예전에 어느 나라에서 먹었던 타파스라는 음식들처럼 조금씩 여덟 가지를 조롱조롱 담아내었다. 자신이 직접 거둔 나물들이며, 밥에 비벼도 좋고 그냥 먹어도 좋다는 안내가 다정하다. 비빔장도, 밥도 정성껏 차려주니 호강하듯 생각이 들어 대접받는 것처럼 맛있게 먹었다. 일품요리 한두 가지를 더 시켰는데 그 역시 맛이 훌륭했다. 덕분에 문학적인 상호를 쓴 주인은 내게 한 대를 맞는 대신, 날아갈 듯한 인사를 받을 수 있었다. 따뜻한 차로 몸도 녹이고 다시 길을 나섰다.

세화는 오늘따라 바람이 세차게 불고 파도가 높아, 다 걸었다면 언제나 그랬듯 한껏 쓸쓸해져 더욱 아름다운 바닷길이 되었을 것이다. 그러나 맞바람이 공교로워 한 발을 내디디면 두 걸음을 물러나야 했다. 한동안 애를 쓰다가 하는 수 없이 걷기를 포기했다. 딸아이는 콧물까지 훌쩍이는 엄마의 모습을 보고 더는 안 되겠다고 생각을 했는지, 택시를 불러 주차장으로 되돌아왔다.

바람 때문에 끝까지 걸을 수 없어 서운했지만, 고집을 부렸다면 갑작스러운 추위 때문에 둘 중 하나는 탈이 났을 테고, 아이의 나머지 일정에 차질이 생겼을 것 같아 돌아오길 잘했다는 생각이 들었다.

마트에서 술꾼인 부녀를 위해 집에서 2차를 하게 될 맥주와 소주 막걸리와 안주를 샀다. 집에 돌아와 술 보따리들을 부려놓고 다시 차를 타려는데, 술 마실 욕심에 남편은 버스를 타고 가잔다. 흑돼지 집으로 가서 제주에 산다는 시커먼 그놈들과 거나하게 한잔하고 돌아왔다.

누웠는데 눈꺼풀이 자꾸 무겁다. 오랜만에 만난 딸과 정다운 이야기도 못 나누고, 한 일 없이 밥만 배 불리 먹은 날이었다.

아버지의
바지랑대

　우리가 얻은 집은 서귀포시 서홍동에 있다. 그냥 편안한 주택 단
지다.

　오래된 돌담이 둘러싼 운치 있는 집도 있고, 담벼락을 모두 시멘
트로 마감한 그저 그런 집도 있었으며, 건축가의 손을 빌린 듯, 외관
이 멋진 집도 눈에 뜨이는 꽤 큰 동네다.

　그러나 관광지에선 한참 벗어나 있으니, 오가는 이들이 많지 않아
조용한 것이 마음에 들었다. 제주에서는 번화가 근처나 젊은이들이
들락거리는 동네는 피하게 된다. 여기에 와서 제일 좋았던 것은 어
딜 가나 오래된 나무들을 볼 수 있다는 거였다. 그들은 집집마다 담
을 넘어선 키로 서 있었고, 대문은 있었으나 서로들 열어놓아 트인
공간감이 시원하고 편안했다.

　나무는 그저 서 있는 자체만으로 공들인 장식물이나 값비싼 조형
물보다 당당하고 아름답다.

　집을 돌아 나가면 도로 맞은편에 낡은 집이 한 채 있는데, 나무뿌
리들이 울퉁불퉁하게 솟아올라 시멘트를 바른 마당이 이리저리 깨
져있어 참 난감한 형상이다. 하지만 대문 양쪽으로 서 있는 느티나
무 두 그루는 그 집을 아주 멋지게 만들었다. 오래전 집을 지으며 심
은 나무였는지 아니면 그 자리에 있던 것을 그대로 두고 지은 건지,
나무들은 두 팔을 모두 벌려야 안을 수 있을 만큼 커다랗다. 그 댁엔
언제나 기척이 없어 가끔씩 나무를 안아보는 일이 즐거웠다.

　내가 사는 집의 주인도 꽃과 나무를 좋아하는 듯하다. 계절 별로
피어나는 꽃을 염두에 두고 심었거나, 혹은 꽃차례나 나무의 키 높
이를 정리해 조화롭게 만든 정원은 아니었으나 수많은 꽃이 날마다

다르게 피어날 이 마당은 당분간 내 것이다. 특히 뒤뜰 한가운데 작약꽃 더미가 화려했는데, 여러 빛깔의 탐스러운 얼굴들은 자주 나를 그곳으로 이끌었다.

어느 날의 폭우엔 꽃들이 빗물의 무게를 견디지 못해 모두 흙바닥 위로 고개를 숙이고 쓰러져 있었다. 몇 개의 지지대를 찾아내 줄기들을 세워 주고는 내 마당인 양 행복했다. 이곳은 두 동이 있어 작은 집, 큰 집으로 부른다.

집 앞으론 너른 잔디밭이 편안해, 비가 내리는 날 맨발로 자박자박 걸어 크게 한 바퀴를 돌면 발바닥을 간질이는 젖은 잔디의 까슬거림이 참 좋았다. 큰집 현관 앞에 심어놓은 잘생긴 향나무를 바라보는 일도, 보랏빛 산수국이 한 송이씩 피어나는 것을 지켜보는 일도, 꽃댕강나무가 수수하게 무리 지어 피는 일에도 나는 행복했다. 그 마당 빨랫줄 아래 낮 달맞이꽃은 또 얼마나 수줍은지 모른다.

그중 내 가슴을 두근거리게 했던 첫째는 바지랑대였다.

넓은 마당에 아주 길고 튼튼한 빨랫줄을 쳐 놓았는데, 그것을 볼 때마다 알지 못할 쓸쓸한 그리움이 스멀스멀 올라와, 대체 뭐지…? 바지랑대가 눈에 띌 때마다 마음이 가을바람 같았다.

어느 날 거기에 침대 커버를 널다가 빨랫줄 한끝에 기대어 놓은 바지랑대를 보며 알았다.

마당엔 아버지가 걸어놓은 빨랫줄이 있었다. 그리 크지 않은 그곳에서 엄마는 참 행복해 보였다. 든든하게 빨랫줄을 걸어놓고 어느

날엔 이불을 널어 방망이로 털어 내기도 했고, 어느 맑은 가을 햇살
엔 풀 먹인 하얀 호청이 꾸들꾸들 말라가기도 했다. 장마철인 여름

날, 생각지 않게 해가 나오면 엄마는 볕이 아깝다며 서둘러 빨래를 해 널었다. 풀 먹인 호청을 땅에 끌리지 않게 바지랑대로 받쳐주는 아버지가 있고, 나는 꼬질꼬질한 손으로 그것들을 떼어내 가며 들락거렸다. 꾸들꾸들하게 반나마 마른 호청 속은, 나 홀로라는 은밀함으로 행복했고, 그곳은 지붕이 뾰족한 삼각의 내 집이었다.

빨래 더럽힌다며 나오라고 몇 번이나 소리치는 엄마를 약 올리기라도 하듯, 나를 헛잡는 엄마가 우스워서 자꾸만 숨어 뛰었다. 그러다가 운이 없어 붙들렸다간 엄마의 솥뚜껑 같은 큰손에 얼얼하게 등짝을 맞았다.

이상하다. 엄마는 수챗구멍 옆에 서서 갈 곳을 잃은 아기 쥐 한 마리를, 얼마나 빠르게 뛰어가 잡았는데, 그것도 언제 벗었는지 모를, 신고 있던 고무신짝으로 말이다. 그 곁에서 나는 눈을 가리고 엉엉 울었다. 그런데 쥐보다 수백 배는 큰 나를 잡기가 그리도 어려웠을까.

나중에, 더 큰 뒤에야 알았다. 엄마가 일부러 잠시의 즐거움을 누려보라는 마음에서 막내딸을 자꾸만 놓쳤다는 것을. 청량한 바람에 빨래들이 뽀송뽀송 마르는 걸 바라보며, "애, 참 좋지 않니?" 엄마의 얼굴에 내려앉던 햇살 같던 웃음. 등짝을 얻어맞은 내가 부어터진 얼굴로 한옆에 건들거리며 서서는, '도대체 뭐가 좋다는 거야.'

기다란 나무 끝에 못 두 개를 엇갈리게 박아 놓으셨던가.

거기에 빨랫줄을 걸어 세워 주던 아버지와 끌리지 않도록 빨래를 잡고 있던 내 엄마. 이제는 기운 없이 조그매진 손이 나를 때려도 아플 리 없지만, 나는 오늘 호청 속으로 들어가 엄마를 불러내어 얼얼하게 등짝이나 한 대 맞고 싶었다.

제주의 어느 집 마당에서, 나는 그 알 수 없는 쓸쓸함이나 그리움이, 피고 지는 꽃 때문인 줄 알았다. 그 마당에서처럼 풍요로운 것들을 가지지 못한 결핍 때문인 줄 알았다. 그러나 이제야 그것이, 내 안에 숨을 죽이고 있던, 엄마 잃은 아이가 문득 떠올린, 어린 날의 그리움과 행복이었음을.

젊은 내 아버지와 엄마를 불러내, 날 철없이 행복했던 시간 속으로 데려다준 주인들께 감사를 전한다.

엄마, 붉은 줄장미가
피었어요

이 댁 마당에 붉은 줄장미가 피었네.

지금 5월이잖우. 우리 집 대문 위에 둥글게 올라간, 연분홍의 줄
장미가 생각나요. 중학생이었던 어느 날 엄마 아버지가 새끼줄로
뿌리를 엮은 나무 한 포기를 대문 옆에 심었어요. 그 위에 철제로 만
든 타원의 아치를 세웠는데, 처음엔 꽃도 별로 피어나지 않고 화초
엔 별 관심도 없어서 몰랐어요.

꽃이 연분홍색 크림의 색깔과 똑같았는데, 그 꽃의 향기를 맡으면
서 얼마나 겸손하고 착해지던지, 엄마 모르셨지요?

해가 가고 나무가 굵어질수록 꽃은 더욱 무성해져, 집에 들어서기
2, 3백 미터 전부터 향기가 은은하게 퍼져오고, 아치를 지나 대문
안으로 들어서며 꽃을 보는 일이 참 행복했는데, 감사해요. 그때가

한참 사춘기에 접어든 고등학교에 다니던 무렵이어서, 대문을 들어서면 거의 느껴지지 않는 은은한 향기와 화려하지 않은 봉오리가 얼마나 좋았는지 몰라요.

요즘 엄마들은 사춘기를 가리켜 '질풍노도의 시기'라고 한다네. 아이들에겐 섣부른 충고도 필요 없고, 바른말을 하면 그와 반대의 자리로 치달리는, 건드릴 수 없는 시한폭탄 같은 그때를요. 나는 특별히 사춘기를 겪느라고 주변 사람들을 귀찮게 한 적이 없던 듯싶은데, 엄마 생각은 다를 수도 있었겠어요.

여긴 제주예요. 거기서 보고 계시니 다 알지? 이 집은 잔디가 푸르고 꽃들이 만개해 매일이 아름다워요. 며칠 전에는 밖에 나갔다가 돌아오는 길에 감꽃을 하나 가득 주워왔는데, 엄마가 어린 날을 보냈던 할머니 댁 근처에도 감나무가 있었어요. 엄마도 삼단 같은 머리카락을 등 뒤로 길게 땋아 내리고, 그 나무 아래 서서 하얗게 떨어진 꽃들을 바라보며 "곱다" 하셨지?

감꽃 사진을 찍어서 아는 이들에게 보내주었는데, 정말 좋아하더라고요. 감꽃이 핀다는 것을 모두 다 잊고 살았다네. 그런데 애들 아범이 그러더라고요. 현관 앞에 감나무를 두고 뭘 그리 소중하게 받쳐 들고 오냐고. 올려다보니 하얀 감꽃이 툭, 툭 지고 있었어요.

예전에 가끔 해 잘 드는 마루에 함께 누웠었잖우. 문득 엄마가 소녀 시절을 보내던 시간이 터무니없이 짧았을 것만 같아 안타까웠어요. 엄마가, 엄마의 엄마와 보냈을 시간이 거의 없었을 것 같아서.

아직 철도 들지 않은 어린 딸을 떼어 보내며 할머니는 얼마나 서운
하셨을까. 겨우 열여덟 소녀인 막내딸을. 다행히 나는 꽤 오래 엄마
곁에서 함께 살았지요?

엄마, 붉은 벽돌을 따라 심어놓았던 알록달록한 채송화 기억나세
요?

제 방 창문 아래로는 줄기가 따라 오르도록 굵은 실을 묶어놓고,
흙 속으로 나팔꽃 씨를 다듬다듬 덮어 놓으신 것은요? 여름날이면,
이른 아침마다 청보랏빛의 나팔꽃이 내 방을 들여다보며 뿌빠뿌빠
나팔을 불었는데, 어찌 그리 예쁜 마당에서 우리 어린 날을 살게 해
주셨는지요?

우리 아이들은 그런 마당에서 살아본 적 없으니 다행이야. 우리가 너무 가난해서 그저 베란다에 화분 몇 개로 위안을 삼고 사는데, 그래도 아이들은 관심도 불만도 없어요.

아버지가 화초를 가꾸는 아내를 위해 무진 애를 쓰셨겠다는 생각이 들어요, 그러고 보니 그런 남편과 평생을 함께한 엄마가 부럽기도 해요. 그런데 내 기억으로는 그 당시엔 엄마가 아버지를 참 많이 어려워했다는 생각이 들어요.

엄마의 마당에 5월이면 피어나던 라일락도 기억하시나요? 너무나 오래전 일이라 잊으셨을까? 마당에 나갈 때마다 어디서 이렇게 좋은 향기가 나는지, 마당에 핀 라일락에 코를 대고 깊게 들이마시면 냄새가 아주 고약해, 이 은은한 향기는 도대체 어디서 흘러오는지 알 수 없었어요.

어느 날 엄마랑 마당에 서 있다가 그 향기가 무엇인지 물었어요.

"라일락이지. 향이 너무 진한 꽃은 멀리서 맡는 거야. 코를 그리 가까이 대면 못쓴다. 바람에 실려 오는 걸 맡아야지."

"엄마는 모르는 게 없네"라고 말하면 부끄러워하며 놀리나, 하고 가만히 웃으셨어요.

가끔씩 라일락 그늘 아래 누우면 연록의 잎사귀들 사이로 아롱아롱 햇살이 비치고 엄마 말대로 은은한 향이 떠다니곤 했었네. 나무 아래에서 손등으로 부신 햇살을 가리면 손가락 새로 빠져나오는 빛은 아주 투명한 연두였어요.

이렇게 나이 들어 그 시절은 점점 아득한데, 가끔 생각하면 그때가 어제처럼, 오늘 아침의 일처럼 또렷해서 바로 곁에 엄마가 있는 것처럼 옆자리를 더듬거리곤 해요.

언니랑 내가 엄마 말을 안 듣고 뺀질거리면, 엄마, 생각나세요? 엄마가 하는 제일 지독한 욕을요.

"아이고, 요년들. 주둥이를 짓찢어 놓을라."

"입을 어디다 놓고 찢는다는 거지? 엄마, 빨랫돌에요? 방망이로요?" 하면서 우리는 잽싸게 도망을 쳤어요. 한 번도 주둥이가 짓찢어진 적은 없지만, 그때 자꾸 말대답을 해서 죄송해요. 이젠 정말 안 그럴게요.

애들 아범이랑 오름에 올라가느라 땀으로 이마가 젖고, 또 그 즈음해서 시원한 바람이 불어오면 아범은 말해요.

"장모님이 보내주시는 바람이네."

이마가 서늘하게 식으면 나는 또 엄마가 보고 싶지만, 버럭 소리를 질러요.

"아, 그 말 좀 하지 말라구~"

엄마, 이제 라일락은 모두 졌지만, 오늘 밤 제 꿈속으로 와요. 이 마당에, 엄마가 좋아하는 과꽃이며 분꽃, 샐비어도 심고 달리아 구근도 사다 놓을게.

오늘 밤에 오세요. 제주에 두둥실한 구름을 타고, 이젠 아프지 않은 가벼운 몸으로 내게 꼭 와요.

두부 한 모,
갈치 가운데 토막

2층 전체는 주인의 살림집이 있고 1층에는 네 개의 방이 있는데, 가운데 두 개는 장기로 세를 주고 양옆으로는 짧은 여행을 하는 이들을 받는다고 했다.

한 달이나 두 달을 살면 침대 시트를 가는 일, 청소 등 모든 것이 세 든 사람의 몫이라 편안하지만 약간 저렴하고, 잠시 머물다 가는 이들에게는 모든 편의를 제공해야 하니 일은 귀찮지만, 수입이 훨씬 많단다.

지난 여행 중, 이 집 앞을 지나다가 주인에게 양해를 구하고 비어 있는 방을 구경했었다.

베란다 창을 여니 바다가 눈앞에서 하나 가득 흔들리고, 잔디 위 초록의 데크가 커다랗고 편안해 거기서 바다를 바라보며 차를 마시거나 식사를 해도 좋을 듯했다.

　전화 걸어 예약을 하며 비용을 묻다가 가난한 남편을 떠올리며 조금만 깎아달라고 졸랐다. 엄마들은 이렇게 한 푼을 깎느라 애쓰는데, 젊은이들은 두말도 없이 계약을 한다며 애들은 돈 아까운 줄 모른다고 혀를 찼다. 내가 너무 처량하게 말했나? 어쨌든 마음 착한 주인에게 오만 원을 깎았다. 그 돈으로는 바다가 보이는 카페에서 아주 향 좋은 커피를 마시리라.

　제주에서 펜션을 예약하는 모든 이에게 권하노니 필히 처량한 목소리로 깎아보라. 우리보다 더 똑똑한 제주의 펜션 주인들은 아무도 그 처량함에 속지 않으리니.

　이 댁 주인분들은 본래 인천에서 내려와 자리를 잡은 사람들이었다. 바깥주인께서는 펜션 내부의 어떤 일에도 관심이 없어, 아내 혼자서만 새로운 손님맞이에 분주하다. 대신 바깥주인은 정원의 꽃을

돌보고 페인트를 칠하고 나무를 심거나 풀을 매는 모든 일에는 정성을 다한다. 부부는 성격이 좋아 서글서글하니 말도 잘 걸고, 웃기도 잘하는 사람들이라 얼마 후엔 아무렇지도 않게 자신들의 이야기를 하게 되었다.

어느 날 그녀가 내게 말했다. 아내 혼자 하는 집안일이 너무 많아 힘들어 보이니 좀 도와주라고, 남편에게 이야기해 달라는 뜻이다. 나는 주인께 그대로 전했다. 그는 머리를 흔들며 절대로 안 한다고 말했다. 행실이 미워서 못한다나?

'아니, 안주인이 무슨 망측한 행실이라도…?'

아, 그 궁금증이 참으로 나를 자극하는도다.

며칠 후 비 내리는 어느 날, 2층으로 올라와 차 한잔하자는 주인 내외의 초대를 받았다. 같이 오라는 소리에 잠이 덜 깬 남편이 싫다며 혼자 다녀오란다. 집에 있는 과일을 좀 들고 올라가니 왜 혼자냐며 부침개도 있고 막걸리도 있단다. 하는 수 없이 투덜거리는 남편을 앞세워 다시 올라갔다. 나는 차를 마시고 남편들은 막걸리를 한 잔씩 하는데, 주인장께서 느닷없이 자기는 된장찌개에 넣은 두부를 먹어보는 것이 소원이란다. 또 한 잔을 마시더니, 이번에는 갈치 가운데 토막을 먹는 것도 소원이란다.

이건 무슨…. 안주인의 눈에 검은 동자보다 흰자위가 많아졌다. 그때부터 긴장한 나의 남편이, 나를 쳐다보더니 잔을 내려놓았다.

"왜 된장찌개를 안 끓여 주었다고 해요? 갈치도 가끔 구워 줬는데, 왜 그렇게 말해요?"

아내가 뾰족한 목소리로 항의했다.

두부 살 돈이 아까워 된장만 끓였단다. 그리고 자신은 갈치 꼬리와 내장 부분만 먹었단다. 남매가 집 근처에 살고 있는데, 반찬을 하면 애들을 준다고 모두 다 들고 나가 먹을 수 있는 것이 없었다고 했다.

아내에게 말했단다. 평생 고생하며 일을 하고 돈을 모아 이제는 살만하니, 우리도 남들처럼 호강하며 살다가 죽자. 나이도 적지 않아 얼마나 더 살지 모르는데, 남들처럼 비싼 찻집에서 좋은 차도 마시고, 멋진 호텔 식당에 들어가 대접받으며 양음식도 먹고 싶다. 빵집 유리창에 붙어있는 빙수 사진을 구경만 할 것이 아니라 들어가 한 그릇씩 먹어보자. 아무리 얘길 해도 아내는 못 들은 척, 쌩하고 혼자 가버렸단다.

애들이 다 컸으니 이제는 우리가 먼저라고 그렇게 말을 해도 안 듣는다며 말했다.

"내가 이 집의 주인으로 사는 건지 머슴으로 사는 건지 모르겠어요."

처음엔 부끄러워 낮은 소리로 대꾸를 하던 아내의 목소리가 점점 커졌다. 평소에도 목소리가 큰 아내가 꺽꺽대며 분노를 토해냈다.

"데리고 들어온 자식도 아닌데, 그놈들도 좀 살게 해주고 싶어 그러는 걸, 아버지란 사람이 저만 살겠다고 해요, 도대체 누가 잘못하는 거예요?"라며 우리에게 심판을 봐 달라는 거다.

바깥주인이 다시 또 비장하게 말했다.

"된장에 두부 넣은 걸 한 번도 못 먹었어요. 이게 말이 되겠습니까?"

아, 그놈의 두부…. 입술을 꼭 물었다. 잘못하면 큰 소리로 웃을 뻔했으므로. 난 내 남편의 난감한 얼굴을 살피며, 남의 남편에게 말했다.

"자꾸만 된장에 넣은 두부 좀 그만 말씀하세요. 제가 내일 두부를 열 모쯤 사다 드릴게요. 제주의 은갈치도 대빵 큰 거 사다가 꼬리와

내장 쪽은 버리고 가운데 토막만 갖다 드릴게요. 그리고 미애 엄마
께는 빙수값을 드릴까요? 사실 미애 엄마는 두부는커녕 갈치 지느
러미도 못 먹어 봤을 걸요? 별것도 아닌 일로 즐겁자고 여행 온 사
람들한테 왜 이러시는 거예요?"

나는 짐짓 목소리를 높였다.

이번에는 빨리 그 자리를 뜨고 싶은 남편이 말했다.

"어머니라 그렇습니다. 이 세상 어머니들이 다 그렇지요. 사장님
께서는 오히려, 애들 때문에 애쓴다고 아내를 다독이시는 게 맞습
니다. 부인께서도 눈 질끈 감고, 푹신한 소파에 나란히 앉아 가끔씩
은 팥빙수를 드세요. 들어보니 별것도 아닌데 서로 마음 상하지 마
십시오."

그는 말을 끝내자마자 내 허리를 쿡 찔렀다. 죄송하다고 몇 번이
나 머리를 숙이는 바깥주인께 같이 머리를 조아리며 날듯이 내려왔
다. 방에 들어서자마자 기운이 다 빠져버린 남편이 말했다.

"안 올라간다니까 굳이 데리러 와서는…. 아이구, 저 양반들 때문
에 머리가 아프다."

'이 세상의 모든 어머니는 같구나. 서울이나 인천이나 충청도나,
그리고 여기 제주도도.'

오늘은 잠들지 말아야 할까 보다. 조금 이상한 일을 겪은 밤에는
영락없이 꿈속에서 시달리는데, 밤새도록 와구와구 두부를 먹어야
할 것 같다.

어둠을 더듬어 돌아오는 길,
함께라서 다행이야

꾸물거리다가 202번 버스를 놓치는 바람에 한참을 기다렸다.

배차시간을 알면 조바심이 덜 할 텐데…. 그런 일쯤은 마음 쓰지 않고 편안히 살아가는 나는 여자 자연인이다. 얽매이지 않고 무슨 일이든 되어가는 대로 편안히 받아들인다. 그러니 어려울 일도, 힘들 일도 없다. 어쨌든 아무도 오지 않는 버스정류장에서 30분이나 기다려 버스를 탔다. 바람이 분다고 이것저것 덧입은 옷차림이 도움이 되었다.

오늘은 동남쪽 세화로 간다. 세화 제주해녀박물관에서 내려 오랫동안 걷기로 했다. 가로에 몇 대궁 남지 않은, 볕에 타버린 코스모스가 나를 훌쩍 늙게 했다. 배튼개를 지나고 약천사도 지난다. 단풍이 조금씩 그리고 아주 천천히 번져가는 제주. 밀가루가 흩뿌려진 듯

꽃들은 다시 바람에 하얗게 일어서고 스러지며 춤을 추었다. 어느 곳을, 어느 시간에 가든 제주의 풍경들은 그림이 되었다.

차를 타고 나서면 보지도 느낄 수도 없었을 주변의 모습들. 이제는 감탄을 지나, 기쁨을 드러내지 않고 가슴속에 차곡차곡 쌓을 줄도 알게 되었다. 그것이 내 눈을, 마음을 더욱 깊이 있게 만들면, 지금보다 훨씬 더 지혜롭게 나이 들어갈 것이다.

아름다운 풍경들. 그 안에 내가 있다. 그보다 더 아름다운 그림을 구경하며 걷는다. 자유에로의 장정. 원시 햇살이 내리쬐는 땡볕 아래. 찌들지 않은 제주의 바람 속으로 페달을 밟는 그들은, 어깨와 허리를 낮춘 채 아무런 거리낌이 없이 앞으로 달려 나갔다. 나도 언젠가는 저들처럼 망설임 없이 바람 속으로 나서고 싶다.

12시경 수모루에서 내려 서귀포여고까지 걸어 다시 세화 가는 버스로 갈아타고 해녀박물관 앞에서 내렸다. 세화까지 두 시간이나 걸려 도착했으니, 시간을 거리에서 잃어버린 듯 아까웠다. 그러나 그보다 더 귀하고 아름다운 것들을 찾아 나선 시간이다.

'푸른'이라기엔 부족하고 '검푸른'이라 기도 안타까운, '비취'라 기에도 아깝고 '에메랄드'라는 찬사에도 섭섭한, 하염없이 내 곁을 따라오는 바다와 끊임없이 만들고 사라지는 긴 띠 같은 흰 파도. 하늘은 어쩌자고 저리 푸르고, 바다는 어쩌라고 저리 투명하며, 그 속에 듬성듬성한 비취는 어디서 캐어 저곳에 심어놓았는가. 바다를 끼고 걷는 길은 아름다웠다.

바다를 앞둔 비스킷 집에서 땅콩과 초코 두 봉을 사 들고 걸었다.
세화 앞 바닷길에는 우리가 갈 만한 음식점이 드물다. 이곳을 지나
는 젊은이들은 무얼 먹고 사는가. 커피와 이름도 알 수 없는 음료와
장난감 같은 케이크와 맛도 설고 이름도 어려워 제대로 시킬 수 없
는 버거들. 이제야 간신히 숙지한 키오스크의 더듬거리는 주문도
부끄럽다.

한동안을 더 걷다가 허름한 칼국수 집을 만났다. 들어서니 오랫동
안 수리를 하지 않아서도 그렇겠지만, 그보다 더 낡고 지친 얼굴의
주인이 웃음기 하나 없이 우리를 맞는다. 그녀는 뭘 시키겠느냐고
묻지도 않고 말없이 옆에 서 있었다. 파전과 칼국수. 그리고 막걸리.

"남편이 죽은 거야."

조그만 소리로 속닥거리는 못된 나를 남편이 외면했다. 두꺼운 파
전은 뒷면이 탔고 오징어와 약간의 해물이 들어있었는데, 그녀의
우울한 얼굴을 보면 아무런 불만도 얘기해선 안 될 것 같아 땅콩 막
걸리를 따라서 얼른 마셨다.

낡은 벽에는 2004년도의 김OO 대통령의 사진과 사인이 걸려있었다. 그 시절부터 이 음식점이 있었으니 20년이 더 되지 않았을까 싶다. 그 시절에는 아주 많은 관광객이 드나들었으리라 짐작된다. 대충 허기만 면하고 다시 걷기 시작했다.

바닷길은 바람이 드셀수록 멋지다. 머리칼이 휘날리고 옷가지를 다 벗길 듯 큰바람이 불면 아주 슬픈 영화 속의 주인공이 된 것처럼, 마음이 한없이 쓸쓸해졌다. 귓전에서 푸수수, 견딜 만하냐며 위로하는 바람에게 하염없는 마음을 맡겼다.

바닷가, 해풍과 뜨거운 볕에 오징어를 깃발처럼 걸어놓고 시원한 맥주를 함께 팔고 있었다. 구운 오징어를 한 마리 샀는데 달다. 젊은이들이 바닷가 앞, 펜션에 들었다가 몰려나와 바다를 앞에 두고 시원한 맥주를 마셨다. 좋겠다. 여유 있는 너희가 부럽다. 늙은이들의 심술이 발동하면 '너희는 좋겠다, 젊어서'로 풀이가 될 것이다. 어찌해도 그들은 거침이 없어 아름다웠다.

여기는 구좌읍 하도리다. 계속 따라오는 바다는 나를 싫증 내지 않는다. 하도읍은 철새도래지로 이름이 있지만, 사람을 위해 만든 해안제방과 해안도로가 철새들의 서식과 휴식에 방해가 되어 다시 복원사업을 하려 한단다. 그날이 오면 철새들을 보러 와야 한다.

제주에서 하도리처럼 긴 백사장은 없다고 들었다. 그 덕에 모래가 길게 깔린 해안이 우묵하고 길어서 젊은 서퍼들이 많이 찾는다. 흰 파도가 끊임없이 드나드는 모래 해안 앞에서 바람이 잦아들기를 청년들이 기다리고 있다. 이제는 도전해 볼 수도 없는 많은 것들. 우리는 그저 걸어서, 걸어서 가야 한다.

거리는 어두워지고 인적이 끊긴 도로가 갑자기 무서웠다. 여기서 종달리로 넘어가 버스를 타면 된다는데, 길은 아직 먼 듯하고 어둠은 더욱 짙게 가라앉았다. 어두워진 하늘, 스산한 바람, 머리를 풀고 흐느끼는 키가 넘는 마른 풀들.

집을 찾아갈 수 없을까 봐 아이처럼 두려웠다. 남편도 당황한 기색이 역력하니 가끔 신경이 날카로워지는 듯 보였다. 시골의 낯선 길에는 가로등도 없어 어둠뿐이고, 갈림길이 나타나면 어느 길이 맞는지 망설여졌다. 잘못 선택한 길이라면 어둠 속에서 다시 그만큼을 돌아와야 한다. 초저녁부터 인적이 끊긴 마을에는 물어볼 만한 사람 하나 없었다.

6시 30분이 넘어서야 간신히 종달초등학교 앞에 도착했다. 그나마 어두운 하늘에 애기 손톱 같은 초승달이 계속 우리를 따라와 두려움을 덜 수 있었다. 반갑게도 201번 버스는 오래 기다리지 않아

도착했다. 긴장이 풀렸는지 자꾸만 눈이 감겨 졸다가, 집에 갈 수 없을까 봐 다시 깨고, 또 졸다가 다시 깨니 8시 50분, 드디어 내 집에 도착했다.

어두운 거리에서 헤맬 때, 점점 깜깜해지는 사위는 두려웠다. 집은 멀고 다리는 아파, 정처 없이 되짚어가던 외로운 시간들이 꼭 고아가 된 듯 서글펐다. 남편의 당황한 모습을 보니 더욱 그랬다. 어둠이 시작되기 전, 집을 향하는 버스 안에 있어야 했는데. 어른이 되어도 무섭구나, 아이들처럼. 낯선 곳에서 갑자기 달려드는 두려움이 우리를 위축케 했다. 익숙하지 않은 불안에 힘이 들어 우리는 자꾸만 작아졌다.

하루 여행이 되었든, 한 달의 여행이 되었든 여행이 끝난 뒤에는 지나간 시간들을 새로운 마음으로 돌아보게 된다. 보이지 않던 것들이 보여 새삼스런 느낌들이 생겨났고, 그러면 나를 다시 생각해 볼 수 있는 기회가 되었다. 그렇게 마음이 편안해진 뒤에는 또다시 알 수 없는 그리움들이 생겨났다.

살아오면서 느껴지는 우연찮은 감정들, 어렴풋한 기쁨이나 풋풋함도 있었지만, 서럽다거나 두려워질 때라든가, 여러 가지 사소한 일이 생길 때면 혼자라는 외로움을 견뎌내기가 어려웠다. 오늘은 소중한 많은 것들을 알게 되었다. 그중 제일 소중한 일은 우리가 여전히 함께라는 것이었다.

3부

위풍당당
퐁낭
할아버지

퐁낭 할아버지

올레길이나 둘레길을 서너 시간씩 걷다가 집 어귀에서의 행복한 만남이 있다. 걸어서 돌아가는 길에는 물론이지만, 차를 타고 있을 경우에도 창문을 열고 고개를 숙이며 "할아버지, 안녕하세요?" 정중하게 인사를 올린다. 할아버지는 알은 척도 않으시고 의연하시지만, 서울 고운 댁이 수시로 치마를 팔락대며 할아버지에게 눈웃음도 보내고 인사도 잘하니 기특해서 눈여겨 살펴보는 중이셨다.

지난번에는 할아버지 앞을 지나가다가 너무 좋아서 꼬옥 안아 드렸는데, 싫은 기색 없이 짐짓 딴청을 하시니, 나의 마음을 받아주시는 것 같아서 뵐 때마다 안아 드리고는 한다. 며칠 전에는 아주 늦은 밤에 들어오다가 피곤하기도 하고, 짙은 어둠 속에서 잘 보이지 않아 저녁 인사를 잊었다. 어두운 길거리가 무섭긴 하지만 꾹 참고 나

가서 인사를 하는 것이 도리가 아닐까, 잠자리에 누워서도 갈등했다. 편안히 주무시라고 인사를 드렸어야 하는데…. 중얼중얼하며 잠이 들었다.

'오늘 연못 윗집 오순이가 아이를 낳았더구나. 어쩐지 오순어매가 하루 종일 허둥대고 뛰어다니더라마는. 만석이 아방이 오늘 재취를 한다지? 저런 저런! 영자 딸년 치마 좀 보소. 허연 허벅지를 다 내놓고. 신발은 또 뭐여, 높은 굽을 대똑거리다가 자빠지겠네. 이 동네야 서로 다 알고 지내는 사이이니 별일이야 있겠나마는, 내 눈을 둘 데가 없으니 저걸 어쩐담. 아니, 저 꼴은 또 뭐냐, 얼굴에 횟박아지를 둘러썼네, 분칠한 것 좀 보소. 쯔쯔, 내가 너무 오래 살았어, 이제는 가야 할 텐데….'

할아버지는 더 오래전, 영자의 아버지도 알고, 이석이 엄마가 방앗간에서 딱 한 번의 실수로 막내인 삼석이를 낳았다는 것도 알고 계셨다. 동네의 경사라면 서로 즐기고 기뻐하며 축하하면 좋을 일이나, 아무에게도 밝히지 못할 비밀을 혼자서만 알고 있다는 것이 때로 마음 무거웠다.

결혼 십 년이 지나도록 태기가 없어 모두들 걱정했던 김 부자 집 외며느리가, 석 달 동안이나 불공을 드리러 다니더니, 그 정성에 감복한 부처가 드디어 귀한 아이를 점지하지 않았던가. 깊은 산속으로 들어가 땅을 파고 삼석이는 이석이와 아버지가 다르다고, 소리소리 친 뒤에 흙으로 덮어 놓으면 시원하겠구마는, 혹시라도 다른 이가 들을까 하여 맘속에 품을 수밖에 없었다.

그뿐 아니라 그, 그 윗대의 선조들이 살아온 모든 일도 지켜보았으니, 할 말이 정말 많았다. 하지만 여러 가지 역경 속에서도 그저 스스로의 해결책을 찾아가는 우리 모습이 대견해 가만히 지켜보고 계시는 거다. 퐁낭 할아버지는 산타 할아버지처럼 이 세상의 '모든 것을 알고 계신다.'

지금쯤 모두들 눈치챘을까? 퐁낭 할아버지는 마을 입구에 서 있는 아주 늙은 팽나무라는 것을. 우리 동네 터줏대감인 그 나무는 대체 언제부터 거기에 있던 걸까. 나무 둥치가 어찌나 굵은지 나도 모르게 주눅이 들어, 지나갈 때마다 조그만 소리로 "안녕하세요"라고 인사를 해야만 했다. 그러지 않으면 불경죄가 되어 내게 오는 복을 모두 빼앗아 가실 것 같았다.

그래서 퐁낭을 볼 때마다 인사를 드리는 것이다.

우리는 겨우 5, 60년을 살거나, 병들지 않고 건강하다면 8, 90년을 살아 장수했다고 이야기한다. 사는 동안 얼마나 많은 일이 있는가. 희로애락을 겪으며 자신에게 도움이 되는 삶의 형식을 만들고, 손해 보지 않으려고 안간힘 하는 모습을 퐁낭 할아버지가 본다면 가만히 혀를 차셨을 것이다.

양평의 용문사 은행나무는 1,100년이 되었다고 한다. 그 굵기로 보면 팽나무는 4, 5백 년은 되지 않았을까 짐작했다. 나무는 우리 집 가는 큰 도로 한쪽으로 위풍당당하게 서 있는데, 그 폼이 나같이 어린 풋내기들은 죄도 없이 주눅이 들고 늘 쭈뼛거리며 걷게 된다. 벼락 때문이었을까, 나무 둥치 왼쪽이 크게 떨어져 나갔다. 다

행히 잎사귀가 무성해 잘 보이지는 않으나, 큰 상처를 안타까워해도 그는 언제나 나의 퐁낭 할아버지다.

그런데 서운하게도 오래된 이 동네가 재개발 구역으로 지정되었다고 한다. 도로가에 인접한 주택들은 반 정도가 편입이 된다는데, 이미 보상이 끝났다고 했다. 머지않아 굴삭기가 들어오고 커다란 트럭들이 나고 들며 그의 평온을 방해할 텐데, 할아버지는 어떻게 되는 걸까.

도로 한가운데 그가 서 있으면 주행에 방해될 것이고, 어딘가로 옮겨 심는다 하더라도 나무가 제 몸을 단단히 지켜낼 수 있을지. 나무들은 위로 자란 몸피만큼 큰 뿌리가, 땅속에 있다는데 흙을 옮겨 가서라도 잘 살아갈지 멀리 떨어져 있어도 걱정이다.

뽀글이 영감

102살의 겨울이네.

날씨가 흐렸는가, 온몸 아프지 않은 데가 없군. 자넨 용케도 내가 죽지 않을 만큼의 끼니만을 챙겨주지. 가끔 정신이 맑아지면 몹시 배가 고팠지만 말하지 않았네. 벌써 한참 되었지? 조금씩 망가져 가고 있는 것이.

문득 정신이 들어 내 모습을 보면 부끄럽고 화가 나 견딜 수가 없었네. 왜 이럴까. 바로 설 수 없어 자꾸 뒤로 넘어가질 않나, 혼자 힘으로는 식사도 어려워 온 가족에게 폐를 끼치는군. 하나 남은 어금니도 오래전에 떼어냈지. 어찌나 아프던지 한동안 엎드려 꼼짝할 수가 없었네. 자네가 욕실 앞 매트 위에 떨어진 그것을 밟고는 가만히 들여다보다가, 어느새 붉어진 눈으로 또 화를 내네. 얼마나 아팠냐고, 말을 해야 알지, 라며. 하지만 불편할 때마다 어찌 다 이야기하겠는가. 요즘 들어 자네는 내게 자주 화를 내더군. 쓰러진다고 화를 내고, 밥그릇을 엎었다고 화를 내고, 신음소리 좀 내지 말라며 윽박지르고…. 하지만 돌아선 자네가 몰래 쉬는 한숨소리에 내 마음이 더 아팠다네.

얼마 전에는 소변을 본 자리에 엎드려 잠이 들었다가 자네에게 들켜 참으로 민망했지. 자네가 펜스를 치고 그 안에 나를 가둔 것이 괘씸했지만, 기대서면 뒤로 넘어가진 않으니 차라리 고맙더군. 며칠 전에는 혼잣말하는 걸 들었네. 왜 이렇게 안 죽어, 내가 그렇게 잘했는데. 나한테 왜 이러는 거야. 통증으로 꼼짝 못 하고 엎드린 내 귀에 자네의 원망스런 목소리가 들렸어. 그 뒤로 자네는 아침마다 내 쪽을 슬쩍 바라보며 제발, 이라고 중얼거리다 눈이 마주치면 얼른 돌아섰네. 제발 살아만 있으라는 건지, 죽어 있어 달라는 건지 잘 모르겠네만 왜 이리 죽어지지 않는가, 차라리 날 좀 보내주게. 굶어서 죽을 작정도 해보았지만, 자네가 또 화를 낼까 봐 떠먹이는 부드러운 것을 삼키고 있다네.

어느 날 목욕을 시키던 자네가 내 눈을 들여다보며 말했네. 왜 이렇게 말랐어. 내 말 다 알아듣지? 잘 들어 봐. 너무 아파서 차라리 죽는 게 낫겠다고 여겨지면 눈을 두 번 깜빡여. 통증이 심하지만 그래도 사는 게 낫다면 한 번만 깜빡이는 거야. 한동안 자네가 나를 들여다보았지만, 그냥 못 들은 척 눈을 감고 있었네. 어떤 것이 더 좋

은 결정인지 알 수 없었어. 사실은 조금 더 오래 자네들과 함께 있고
싶었네만, 정말 미안한 것은 자네가 내 고통을 함께 견디며 괴로워
하는 거였네. 참다못한 신음소리를 낼 때마다 외면하고 서 있는 자
네를 못 본 척 눈을 감지. 자책하지 말게. 슬퍼 말게. 오히려 내가 자
넬 위로하고 싶어지는 요즘일세.

  오갈 때마다 눈에 밟히는 저 덩어리. 죽음을 목전에 둔 가여운 생
명 앞에서 하루에도 몇 번씩 천사와 악마의 손을 바꿔 잡았다. 빼앗
긴 평온이 화가 나, 그의 뒤에서 주먹질을 해댔고, 돌아눕는 일마저
힘겨워하는 그를 보면 너무나 가여워 다시 내 죄를 참회했다. 할 수
만 있다면 그의 손이 되고 싶었다, 그의 발이 되어주고 싶었다.
  그래, 저것이 죽기만 한다면 얼마나 좋아. 그것은 나쁜 소원이었으므로, 일 년이 다 가도록 이뤄지지 않았고 나는 화가 났다. 그를 빨리 보내버리고 그의 물건들을 쓰레기봉투에 척척 담아 신나게 버리고 나면, 창을 활짝 열어 맑은 공기를 채운 다음 또각거리는 구두를 신고 외출을 할 거야. 젊은 날의 사랑은 이제 거추장스럽고 귀찮아.

우리의 모습을 지켜보며 함께 가슴 아파하던 딸애는 식탁 유리 밑에, 때론 조리대 위에 슬며시 봉투를 끼워 놓고 출근했다. 겉봉에 '향 좋은 커피 한 잔' 또는 '예쁜 옷 하나' 같은 메모가 남아있어, 그날은 더 부드러운 죽을 끓였으며, 큰맘 먹고 참기름을 쳤다.

17년 전 보드랍고 작은 생명이 우리에게 왔다. 오랜 세월 가족으로 많은 일을 함께 겪었으니, 지켜보는 마음들이 애달팠다. 처음 사료를 거절하여 돌아누웠을 때 모른 척했어야 했다. 고통스러워 보이면 진통제를 먹이고, 입맛이 돌 음식을 만들어 입에 넣어 주었다. 그것은 수를 다한 노인에게 산소 튜브를 꽂고 주사액으로 연명치료를 해 괴롭히는 일과 똑같았다. 끝이 보이지 않는 시중으로 지쳐가던 내게 남편은 이젠 그만 먹이라며 보내주는 게 옳다고 말했다. 그것이 나중에 늙고 병들었을 내게 하는 말 같아서 화를 냈다. 그러나 밤새 숨죽인 뽀글이의 신음소리를 들으면서 어찌 몰랐겠는가. 살아있음이 오히려 욕이라는 것을. 주인의 어쭙잖은 동정으로 녀석이 죽음 같은 시간을 견디고 있다는 것을.

노환에 치매기까지 보이는 뽀글이를 살피며 지쳐가던 가족들 모두 안락사가 최선이라 생각했지만, 아무도 이야기하지 않았다. 그런 녀석의 모습에서 문득 돌아가신 부모님을 보았다. 나의 노후를 보았다. 어느 날 깨끗한 종이를 반듯하게 펴놓고 마주 앉았다. 아직 이르긴 하지만 아이들에게 부탁할 나의 노후를 글로 써 내려갔다.

이 글을 쓰는 동안 뽀글이가 떠났다. 온종일 엎드려 고통을 참아내던 자리가 텅 비어 휑하다.

PS. 거리에 떠도는 수많은 백구를 보며, 얼마 전 무지개다리를 건넌 우리 강아지가 생각났다.

백구 이야기

1

밤새도록 비가 내렸다.

창을 열면 언제나 눈앞에 기다랗게 펼쳐져 있던 바다가 보이지 않는다. 마당을 서성대는 바람소리가 어찌나 심한지 조금 두려워졌다. 먼바다로부터 불어오는 바람은 제주에 있는 모든 물을 우리 집 마당에 퍼 올릴 것 같다.

제주는 이상한 섬이다. 폭우로 쏟아지던 비가 그치고 해가 나기 시작하면 빗물은 흔적도 없이 사라져 버린다. 검은 화산석이 순식간에 빗물을 빨아들여 땅을 뽀송하게 만들어 버리니 꿈인가, 속은 것 같기도 하다. 비가 내린 뒤에는 주변의 푸름이 더 맑고 선명해져 늙어가는 섬이 아니라 젊어지는 섬이라는 생각이 든다.

비는 그쳤지만 여전히 바람이 심한 오후, 집 뒤로 돌아가면 바로 닿는 테우개 해변으로 향했다. 여기는 남원읍 위미3리다. 이곳에서 지낸 지 두 달째이다. 작은 방파제가 바람을 막아 안전하게 수영을 할 수도 있지만, 지하 용천수가 솟는 곳에서는 물이 너무 차가워 들어가기 어렵다. 더구나 오늘처럼 파도가 높은 날에는 더욱 그렇다. 회색의 바다가 하얀 거품으로 파도를 보내고, 그래도 아무 일 없음을 확인하며 또다시 먼 바다로 우르르 몰려간다. 파도는 멀리 떨어져 있어도 두려운 존재이지만, 두려움을 뛰어넘는 아름다움이 있다. 간혹 '위험'이라는 표지가 보이면 먼바다와 커다란 너울을 만들며 밀려오는 파도를 다시 살피곤 했다. 위험하고 금기된 것들은 왜 더욱 아름다워 보이는 걸까.

천천히 걷다가 젖은 덤불과 풀숲 사이에서 들꽃 몇 송이를 만났다. 걷다 보면 생각지 않은 작은 기쁨도 있다. 고개를 숙여 꽃을 들여다보고 일어서는데, 커다란 눈이 내 코앞에 있었다. 깜짝 놀라 벌떡 일어나니 어디서 나타났는지 백구 한 마리가, 나보다 더 놀라 뒷걸음질을 쳤다. 그때부터 그 녀석은 우리를 계속 따라왔다. 처음엔 조금 무서웠지만 착한 눈이 그리 위협적이진 않다. 가까이서 살폈더니 배가 홀쭉해 갈비뼈가 드러나 보인다. "배고파?"라고 인사 삼아 물었는데 자꾸만 따라왔다. 어쩌지? 무언가라도 먹이고 싶었으나 아무것도 가진 게 없어 민망한 내가, 저리 가라며 발을 굴렀다. 그 애는 잠시 사라졌다가 다시 나타나 우리 곁을 함께 걷는다. 못 견딘 남편이 찻길 건너에 편의점이 보인다며 먹을 것을 사오겠다고 걸음을 서둘렀다. 나는 백구 곁에 쭈그리고 앉아 함께 기다렸다. 잠시 후 먹을 것을 입에 대어주니 어찌나 허겁지겁 먹던지 빵을 도로 빼앗아 한입 크기로 잘라주었다. 물도 없는데, 빵 두 개가 성에 차기나 했겠어. 열 개도 모자라겠는걸. 몰래 남편을 흘겨보았다. 그러고도 공연히 화가 나, 이제 가, 라며 눈을 부라리자 물끄러미 바라보더니 천천히 돌아서 걷는다. 그래도 조금은 요기가 되었을까, 묻는데 남편의 볼멘 목소리가 들려왔다.

"그놈 먹은 것이 막걸리가 네 병이야."

서너 시간 걷고 난 뒤 근처 편의점에서 막걸리 한 병에 열무김치 한 봉이면 정말 행복해하던 남편의 얼굴이 떠올랐다. 그래서 4천 원

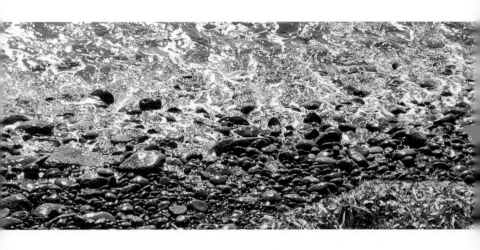

이 못내 아쉬운 남편. 서운한 맘을 접는다. 나도 더는 따라오지 않는 백구가 서운했다.

2

아침을 먹는 습관이 없어서 배불리 밥을 먹으면 기분이 나빠진다. 그래도 남편에겐 아침을 먹여야 온종일이 평탄하니 소리 없이 따라나섰다. 이곳은 주로 동네 사람들이 식사하는 집이고 저녁 시간에 그들이 또다시 모여 막걸리 한잔에 서로의 안부를 묻는 집이다. 김치 오이무침 시금치 콩나물 손바닥만 한 조기 한 마리 시래깃국, 그리고 단품을 하나 더 시키면 고추장 돼지불고기가 나온다.

가만히 들여다보다가 간장 깻잎을 발견하고는 다른 찬은 볼 것도 없이 밥 한 공기를 다 비웠다. 감기로 한동안 입맛을 잃어 걱정이던 남편이 깻잎을 더 주문해줘 밥을 또 먹었다. 오랜만에 가슴보다 높아진 배를 두드리며 올레 5코스인 위미항까지 걷기로 한다. 하늘과 파도, 그리고 햇살이 따가운, 언제나 아름다운 해안길. 오늘은 세 시간여 걸으면 될 것이다. 그 정도면 어렵지 않다.

돌담 사이로 장미 모양의 다육이가 인사를 건네는 골목길을 돌아 바다를 향해 걸었다. 그런데 아까 우리 집 근처에서 본 백구가 옆에 와 따라 걷는다. 목줄이 있는 걸로 보아 동네에 사는 것 같아 남편과 이야기를 나누며 가는데, 마치 우리가 주인이라도 되는 양, 옆을 지키는 걸음걸이가 경쾌하다. 그런데 그 자식이 자꾸만 다리를 올리고 오줌을 눈다. 한 50미터에 한 번씩 영역표시를 하며 걷고 있으니 여간 거슬리는 게 아니다. 드디어 못 참고 소리를 버럭 질렀다.

"아우, 저 자식이 오줌소태에 걸렸나, 왜 그려!!"

어제 막걸리와 열무김치를 빼앗긴 남편 역시 오늘은 절대로 포기할 수 없는 기쁨을 위해 백구를 위협했다. 힘들게 걷고 난 후 집에 가기 전, 근처 편의점 데크에서 막걸리 한 병을 사 마시는 이상한 낭만에 취해 자동차도 버리고 온 길이다.

녀석은 가라고, 사라지라고 아무리 발을 굴러도 잠시 숨었다가 타박거리며 따라왔다. 이 녀석도 배가 홀쭉해, 혹시 이놈이 빵빵한 내 배를 보고 부러워 따라왔나? 주변의 편의점을 살폈지만, 오늘도 찾을 수 없었다. 이전에는 어디서든 구멍가게가 있었는데, 이제 그런 가게는 사라진 지 오래다.

저놈이 어제 본 그 백구와 만나 이야기를 나눈 게야. 길에서 웬 늙수그레한 부부를 만나거든 끝까지 따라붙으라고. 절대 포기하지 않으면 그들은 하는 수 없이 먹을 것을 구해다 준다고. 옆에서 경중대던 녀석이 앞장서 걸을 때, 우린 눈을 맞추고 얼른 삼륜차 뒤로 숨었다. 그 녀석은 어림도 없다는 듯 잘도 찾아와 우리가 민망할까 봐선지, 외면하고 선 채 곁에 물끄러미 서 있었다. 녀석에게 아무것도 줄 수 없어 공연히 미안한 마음만 드니 몰래 가버리고 싶었다. 하지만 바닷길로 도로 곁으로 풀밭으로 끈질긴 그 녀석의 추적은 계속됐다.

"제발 눈앞에서 사라져!"

종주먹질을 하며 한동안 걷다 보니 녀석이 보이지 않는다. 아마 그 동네에서 마음에 드는 처자를 만났나 보다. 자알 되었다! 그런데 이젠 또 다른 걱정이 태산이다. 이놈이 우리 집에서부터 두 시간여를 따라왔는데, 그 먼 거리를 놓치지 않고 찾아갈 수 있을까? 그의 부재가 기쁘기보다 불편했다. 놈들은 왜 그렇게 쉽게 태어나서 큰 사랑을 받거나, 아니면 학대를 당하거나, 혹은 무관심 속에서 아무렇게나 살아가며 보는 이들의 마음을 힘들게 하는지, 거리에 있는 백구들은 볼 때마다 마음이 아팠다.

다음 날 아침 산책을 다녀온 남편이 반색하며 말했다. 어제 그 개는 근처에 살던 백구였다고. 집에 돌아와 잘 있더란다. 처음 그 아일

만났을 때, 그 애는 자신의 집에 긴 사슬로 묶여 있었다. 짖지도 않고 오가는 사람들을 바라보고 있다가 한 번씩 빈 밥그릇을 발로 차, 덜그럭거렸다. 바로 옆에 주인의 집이 있었는데도, 배가 많이 고픈 것 같았다. 지나가며 내가 말했었다.

"다음에 올 때 먹을 것을 가져다줄게."

그러나 오랫동안 그 약속을 잊어버려 지킬 수 없었고, 녀석은 그것을 기억하고 있었는지도 모른다. 그래서 그렇게 따라온 걸 거야. 덕분에 어제저녁 편의점 테이블에 앉아 남편은 낭만을 즐겼고, 나는 서울로 돌아가기 전, 그 애와 한 약속을 꼭 지키기로 다짐했다.

제주에 사는 배고픈 백구들아. 혹시 거리에서 늙수그레한 부부를 만나면 아무리 발을 굴러도 포기하지 말고 따라붙으려무나. 내가 막걸리를 꼭 빵으로 바꿔줄게. 약속!

해녀 대장 할머니

먼눈으로, 달려오는 파도와 스러져가는 파도를 밤새 그리던 정인처럼 바라본다.

도로와 바다 사이에, 방파제 역할도 겸할 듯한 돌담에는 재미난 글귀가 적힌 동판들이 있다. 걸으며 내내 좋은 글들을 소리 내어 읽는다. 어떤 글은 풀석, 웃음이 나오고 어떤 글은 가슴이 저리고 또 어떤 글귀는 젊은 날 내 그리움의 끝으로 달려가게 했다.

'취중 진담. 나중 진땀'

'이쁘게 하고 오랬더니 그녀는 나오질 못했다'

'제주 바다를 따라 걷는 이 길 끝에 네가 있길'

오른쪽으로 꺾인 길의 첫 집은 바다를 마당으로 두었다. 본래는 새파란 페인트를 칠한 슬레이트 지붕이었을 것이다. 지금은 그 푸

름이 바래 회색 같기도 하고, 낡아서 간신히 푸른색이었음을 짐작
하게 했다. 높은 담장은 지붕의 처마와 맞닿아 있어 턱에 숨이 차도
록 답답해 보였다. 그래도 해가 오래 들 것 같은 밝은 집터가 좋아
서, 그리고 바다가 시원하게 펼쳐져 있는, 마당을 대신한 그 집을 지
날 때마다 눈여겨보았다. 그러나 아무리 눈독을 들여도 담장 안, 누
추하고 오래된 방 한 칸도 내 것이 될 순 없었다. 그 집 앞을 지나며
누가 살고 있을까, 지금은 모두들 떠났나보다, 까치발로 목을 길게
빼어 담장 안을 들여다보기도 하고, 바다를 향해 놓여있는 먼지 묻
은 평상에 앉아 누군가 들고 나기를 기다렸다.

　이 집을 사는 거야. 그래서 바닥에는 나뭇결이 모두 보이는 굵은
마루를 깔고, 투박함과 상치되는 아기자기한 장식들을 올리고 유리
통창을 만들어 온종일 바다를 바라보는 거지. 싫증이 날 때는 아주
엷은 커튼을 쳐서, 파도가 내 집을 넘보지 못하게 할 거야. 한옆으로
는 조그만 마당을 만들어 채송화 꽃씨를 뿌려놓고, 새봄에는 무슨
색의 꽃이 필까 매일같이 들여다보며 즐거운 기대가 되는 날들을

그려보기도 했다.

가끔은 '이쁘게 하고 오라'는 남자친구의 한마디가 부담이 되어 나가지 못했던 어떤 소녀를 청해 바삭하게 구운 한 조각의 빵과 향이 좋은 차 한 잔을 나눠 마시며 위로하고 싶었다. 나는 왜 이리 허황된가. 그럼에도 언제나 그 집 앞을 지나 오른쪽으로 길을 틀어, 그 집이 보이지 않을 때까지 그 같은 상상을 되풀이했다.

오늘도 멀리서부터 눈을 주고 그 집 앞을 향해 걷고 있는데, 평상 앞에 누군가 앉아 있었다. 지나가는 사람인가 보다. 가까이 다가가니 굵은 주름으로 인해 본래의 얼굴도 짐작하기 힘든 파파할머니가 혼자 새우깡을 잡숫고 계셨다. 목례를 하고 지나치려는데 "이리 와, 좀 앉아 봐"라는 소리가, 맞지?

미끼는 새우깡이다. 몇 개를 집어주며 먹고 가란다. 감사하다며 거절을 하려는데, 이전에 지나가던 각시들에게, "여기 좀 앉으라 했더니 아, 그것들이 왜요?" 하더란다.

"그래서 내가 그랬지, 왜요는 일본 놈 담요라고."

오매, 으짜까. 잘못 걸려든 것 같다.

"할머니, 제가 어디 좀 가려고요."

"가긴 어딜, 갈 데도 없는 거 같고만."

어찌 아셨지? 그냥 가긴 다 틀렸다. 잠깐 들어주는 척하고 있다가 기회를 봐 도망쳐야지. 노인들을 잘못 만나면 똑같은 이야기를 또 하고, 또 하고 두세 시간이 훌쩍 간다.

그런데 나의 흥미를 유발한 것은, 그분이 이 집의 주인이라신다. 나는 할머니께 바짝 다가앉았다. 할머니는 종일 심심하셨다. 그래서 이야기를 들어줄 누군가가 필요했다. 하루 종일 있어도 아무도 오지 않는 집. 가끔 기력이 되면 평상에 나 앉아, 오는 사람 가는 사람을 구경하기도 하고 말 몇 마디 붙이면 운 좋게도 대꾸를 해주는 나같이 착한 사람도 만나게 된다.

"여기서 조금 떨어진 곳에 내 친정이 있어. 이 집은 내가 이리로 오기 전에 지은 집이여. 시집오면서부터 여기서 살았는데, 내가 올해 92살이여. 이제는 나이 들어 바다에 들어가지를 못해. 내가 여덟의 자제분을 길렀지. 그것들을 다 물질하며 길렀어. 내는 해녀 대장이었거든. 어린 해녀도 기르고. 그런데 너 저기 보이는 섬 가 봤냐? 저 섬은 톳섬이라는 데여. 저기서 니들이 사 먹는 톳을 따지. 저 섬에서는 사람이 못 살어. 왜냐, 먹을 물이 없거든. 해녀들 몇이 어울려서 저 섬으로 들어가 톳을 따는데, 섬에 들어가기 전에 먹을 물하고 하루 먹을 밥을 다 챙겨 가야 하는 거야. 아침에 들어가 톳을 따면 해 아래 널어놓고 하루를 바짝 말려야 써. 그리고 톳이 다 마르면 다음 날 우리를 데리러 배가 들어오지."

할머니가 전한 이야기는 이랬다. 반 정도는 못 알아들었으나 중요한 부분을 꿰어맞추면 대충 이런 이야기다. 나 혼자 쿡쿡 웃다가 "내 말이 우스우냐?"고 혼이 났다. 아니, 자기 자식보고 자꾸만 자제분이라고 하니까 그렇지 뭐. 주섬주섬 일어서며 말했다.

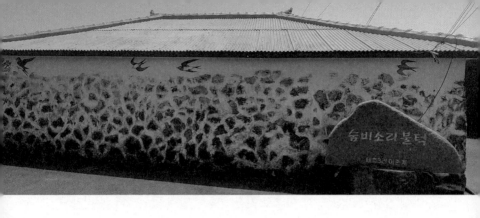

"할머니 제가요, 제가 이제는 집에…."

"조용히 하고 내 말을 들어."

그리고 다시 속편이 계속되었다.

"여섯은 모두 제주에 살아. 두 명이 뭍으로 나갔는데, 셋째 놈은 전주에 살지, 너 전주 가 봤어? 그년은 할 수 있는 게 전기밥솥에 밥 하는 거 하나야. 그거 하나 빼놓고 다 지 서방을 시케 먹어. 내가 죽 도록 물질해 높은 공부까정 시켜 놓았는데, 겨우 그 짓을 하며 살고 있시니, 낮바닥만 해반득해 가지구 그년의 가시내는 복 받았지 복 받았어. 절대로 여기 안 와. 그년만 안 오나, 아무도 안 와."

마당도 없이 꽤나 넓은 건평으로 보아 방이 세 개는 될 테고, 거기 에 마루도 있을 텐데 이제는 방 하나만 쓰신단다. 그리고 불도 켤 일 이 없어 가만히 누워 있다가 잠이 드신다고 하셨다. 할머니는 너무 나 외로웠다. 아무도 들여다보지 않는 그년들을 사실은 기다리고 있는 거다. 그들은 모두 할머니의 사랑스런 '자제분'들이니까.

"할머니, 여기 혼자 사시니까 외로우시지요? 친정에 동생들도 있다시니, 이 집을 팔고 그리로 이사를 하세요."

드디어 내가 할머니에게 검은 속내를 드러냈다. 할머니는 엉덩방아를 찧을 정도로 펄쩍 뛰시며 시집 온 그 해부터 여기서 남편하고 평생을 살았단다. 본래 어른들이 살고 있었는데 당신이 시집오기 전에 집을 수리했고, 그 이후로 지금까지 별 탈이 없었으니 이 터가 좋은 곳이란다. 그래도 몇몇 '자제분'은 명절로 생신으로는 들여다본다고 했다. 앉아 있는 평상도 넷째가 만들어 드린 거란다. 할머니가 그리도 강조하는 '자제분'들은 바닷가의 이 집이 얼마나 재산으로서의 가치가 있는지 모두 알고 있을 것이다.

"할머니, 그럼 자제분들을 모아놓고 말씀하세요. 앞으로 이 집은 내게 제일 잘하는 놈에게 주고 죽을 란다, 그러시면 수시로 자제분들이 찾아와 뵐 거예요" 하며 벌떡 일어났다.

이미 이 집을 어찌해 볼 도리도 없으니 이젠 내 남편이 기다리는 집으로 갈 테다. 할머니는 나를 주저앉히려 팔을 휘저으며 말씀하셨다.

"내가 여덟 명의 자제분들을 길렀는데…."

인사를 꾸벅하고 집을 향해 뛰는데, 할머니의 나머지 시간이 걱정되어 마음이 편안치 않았다.

유행가 가사처럼 하루 종일 바다만 바라보다가, 불도 밝히지 않은 어두운 방에 홀로 누워 잠이 들 때까지 대체 무엇을 생각하는지. 어떤 것들을 그리워해야 하는지.

수애기

돌고래를 좋아하는 천재 변호사의 이야기를 다룬 드라마가 있었다.

크고 선한 눈에 자폐스펙트럼 장애가 있는 주인공은 고래를 무척 좋아한다. 갑자기 그녀가 상상 속에서 고래를 불러내면 그녀의 머리털이 사방으로 곤두서면서 즐겁고 행복한 일이 벌어진다. 거기서 고래는 어렵게 꼬였던 사건의 실마리를 풀고 멋지게 정의를 구현해 주는 매개다. 그녀는 천재지만 자폐가 있고, 그 둘의 상관관계 역시 전문지식이 없는 터라 잘 이해가 되진 않는다. 아마도 고래는 그녀에게 정신적 안식처인 모양이라고 짐작하는 정도다.

그녀는 큰 눈망울을 굴리면서 고래와 함께 사건을 해결할 때마다 시청자의 마음을 사로잡았다. 우리 어른들이 특히 박수를 치는 권

선징악의 촌스러운 감성을 파고든 착한 드라마였다.

그 드라마가 시작되기 훨씬 전부터 고래라는 동물의 특징을 신비스럽다고 여긴 사람들은 그에 대한 궁금증을 키웠다. 돌고래가 낮은 소리로 노래를 하고, 물속에서 잠수부를 만나면 부딪치기 전에 몸을 먼저 피해 준다는 예의 바르고 착한 고래를, 그 동물이 위안이었던 우영우의 고래를 나도 보고 싶었다. 수족관에서 자유롭게 풀려났다는 삼팔이, 복순이, 춘삼이가 아기고래들과 헤엄치는 모습도 볼 수 있으면 좋겠다. 그래서 오늘은 우영우 대신 고래를 만나러 가려 한다.

고래들께서는 오후 4시 정도에나 외출을 하신다니 노을 해변도 구경할 겸, 그 사이에 세미오름을 가면 딱 맞춤이다. 그곳에 젊은이들이 좋아하는 목장도 있어 슬쩍 물어가 볼 것이다. 어디를 가든 나이 든 이들이 많질 않아 자꾸 주변의 눈치를 살피게 되니 남편의 핀잔이 성가시다.

"남편한테는 항상 당당한 분이 왜 이러시나, 젊은이들이 볼 때도 어디서나 당당하게 자신감 있게 행동하는 어른들이 멋진 거야."

그래! 맞다. 허리를 펴고 성큼성큼, 자신 있게.

오름은 성이시돌센터의 뒷동산처럼 야트막하다. 성당이 있으니 주님은 당연히 여기에도 계셨다. 남편에게 "세미오름이 어디 있어?"라고 묻자 "금방 다녀왔잖아" 한다. 돌아보며 "뭐시라? 이게 오름이라고?" 약간의 경사가 있는 비탈길 같았던 오름을 코웃음 치며 비웃다가, 이크! 주님도 계신 곳인데…. 잽싸게 마음을 바꿔 "주님, 여기는 정말 편안하고 아름다운 곳이에요" 고개까지 끄덕이며 말했다.

거기에 목장이 있다. 넓은 초지에서 싱싱한 풀을 뜯고 스트레스 없이 편안히 살고 있으니, 행복한 그들이 낸 유제품은 당연히 품질이 좋을 것이다. 드넓게 펼쳐진 초지와 그곳에서 풀을 뜯는 동물들의 자유로운 삶도 들여다볼 수 있어 제주에 온 사람들의 사랑을 받는 곳 중 하나다.

그 목장에서 수확한 걸로 만든다는 아이스크림을 먹고, 겁나 비싼 스트링 치즈를 찢어 먹으며 잘생긴 말들이 꼬리를 휘두르는 목장을 지나면 거기서 대정읍 노을 해변길이 멀지 않다. 이 길은 지는 노을이 아름다워 그렇게 불리지만, 사람들은 우영우의 돌고래를 볼 수 있다며 모여드는 곳이다.

처음에 이 바닷길을 왔다가 해녀의 집이 보이는 곳에서 돌고래를 기다렸다. 날씨는 흐렸고 시간은 다섯 시가 가까운데, 해녀 할머니 한 분이 입었던 잠수복을 평상복으로 갈아입으며 우리를 구경하신다.

뭐? 뭐라시는 거냐…? 제주 말이 반나마 섞인 내용 중에 그래도 귀를 기울여 듣자니, "오늘은 날씨가 흐려서 안 오기여. 시간도 너무 느져싱게." "오늘 정말 안 올까요?" 애타게 쳐다보니 할머닌, "나오는 건 저들맘이져. 전복 따고 해삼 주울 때 물속에서 만나면 곁에 와서 툭툭 건드래" 몇몇 고래는 아는 척을 한다고 하셨다. 할망은 우리의 간절한 눈빛을 보며 복을 주듯 또 한마디를 하셨다.

"기분 나쁜 삭은 안 나와. 오늘은 안 온다고! 쓸데없이 길거리에서 시간을 죽이지 말고 집에 가."

삭이 돌고래인가보다, 했는데 나중에 보니 '수애기'가 돌고래의 방언이었다. 중얼거리다 보니 비슷하게 들리네. 그날은 그렇게 돌고래에 대한 궁금증만 키우고 돌아왔다.

다시 찾은 해변길. 근처의 제과점에서 일주일 분의 소금빵을 사고 바다를 향해 앉아 바라보니 모두들 그렇게 앉아 있다. 한옥정원에서 바라본 바다 한가운데에는 작은 선박 하나가 돌고래를 기다리며 하염없이 떠 있다. 돌고래는 대체 언제쯤이면 기분이 좋아질까.

만질 수도 없는 돌고래를 간판 속에 가두어 기르는 카페, 식사하면서 돌고래를 볼 수 있다는 음식점들, 돌고래를 집에서 온종일 기다리면 보인다는 펜션들. 돌고래는 숨이 가쁘겠다. 이렇게들 기다려대니 말이다.

세 번째 온 길에는 돌고래에게 배신감을 느껴 해변을 떠나기로 작정했다. 물속에 잠수하고 있으면 돌고래 떼가 다가오고, 그중 한두엇이 주둥이로 툭툭 치며 장난을 걸어온다는 말에 속았다. '돌고래는 이제 그만!'이라고 말하려는데, "오메, 돌고래다!"

두 마리씩 세 마리씩 때로는 혼자 수면을 차고 커다란 포말 속에서 뛰어올랐다가 꼬리만 보이며 물속으로 잠기는 매끈한 형체들. 차를 멈추고 숨죽여 그들의 편안한 유영을 보았다. 검게 젖은 등에 햇살을 미끄러트리며 편안히 헤엄을 치다가, 아마 대장 돌고래가

이렇게 말했을 것 같다.

"인간들은 왜 저렇게 시끄럽게 굴지? 바글바글 모여서 이리 뛰고 저리 뛰고. 우리를 구경하려면 맨눈으로 보는 것이 훨씬 좋을 텐데, 손에 든 까맣고 작은 네모난 걸 통해서 우릴 보는 모양이야. 그건 대체 무엇인고?"

그 긴 돌고래의 행렬을 쫓아 카메라를 들고 청년이 달린다. 부드럽게 바다를 가르며 뛰어올랐다가 물보라를 일으키며 다시 반대편으로 향하는 그들. 남편은 천천히 돌고래를 따라가며 내가 사진을 찍게 해주었다. 기슭을 따라 한동안 편안히 헤엄치는 여유로움이 아름다웠다.

먼 바다로 나가거나 물속으로 숨지 않고, 사람들 가까이서 친화적인 모습을 보이는 것이 우리에 대한 신뢰인 것 같아 흐뭇했다. 기다림에 대한 큰 보상을 환호성으로 화답하며 모두의 얼굴이 행복하다. 여전히 돌고래를 따라 달려오는 청년을, 차에 태워 줄 수 없어 안타까웠다. 차에 실은 짐 꾸러미들이 너무 어수선해 자리를 낼 수가 없었다. 그러나 그는 잘도 달려 돌고래가 보이는 옆에서 사진을 찍었다. 저기 뛰어오르는 무리 중에 삼팔이와 춘삼이가 있었으면 참 좋겠다.

집으로 돌아오며, 돌고래가 내 앞에 있었다고, 그 녀석이 검은 꼬리지느러미를 날개처럼 펄떡이며 물속에서 힘차게 뛰어올랐다고, 마치 나 혼자 본 것처럼 남편에게 자랑하는 입이 바쁘다. 우영우에게 생겼던 좋은 일들이, 우리에게도 생길 거라고, 집에 다 오도록 흥분이 가라앉질 않았다. 돌고래가 나타난 그곳은 신도포구였다.

아침에 일어나 뉴스를 보다가 어제 만난 돌고래가 남방큰돌고래 떼임을 알았다. 그중의 몇 마리가 지느러미에 상처를 입거나 사람들의 위협을 받았다고 한다. 돌고래 근처에 제트스키가 몇 대 보이긴 했는데, 그들이 바로 그 몰지각의 주인공이다. 선박에 돌고래가 부딪히거나 돌고래에게 너무 가까이 다가가 배의 스크류에 지느러미가 잘려 나가거나, 그들의 이동을 방해하는 일은 당연하게 금지되어 있다.

그런데 그들은 왜 돌고래들을 위협했을까. 잠시 다른 이들의 이목을 끌며 즐거웠을 못난 모습. 모두가 소중히 대하는 개체들에게 가까이 다가가 나는 마음대로 할 수 있어, 하는 치기였을 테니 그들이 한심했고 한편으론 돌고래에게 부끄러웠다. 돌고래들은 저런 못난 이들 좀 물속으로 안 데려가나. 동물보다 못난 인간군상이다.

고래는 모두 알다시피 보호종이다. 수중변화에 민감해서 바다의 환경을 보전하는 일에 고래가 중요한 몫을 한다고 들었다. 그들의 변화를 보며 바다 속의 생태를 감지하고, 먹이사슬의 상위에 있는 고래들로 인해 바다 속 개체 수를 조절하는 일이며, 그래서 생태균형을 유지하게 한다는 고래를, 그저 나는 아름다워서, 유연한 꼬리 지느러미에 반해서, 사람처럼 가족이나 친구들과 소통하고, 아기에게 젖을 물리는 착한 엄마라서 그들이 궁금했다.

어떤 다큐에서는 고래 사냥꾼들이 어미를 잡기 위해 먼저 아기고래를 상하게 한다고 들었다. 어미는 자신의 죽음을 예감하면서도 끝까지 아기 곁을 지킨다는 눈물겨운 모성을 가졌다고 했다. 그들은 사람과 참 많이 닮아있다.

다음에 노을 해변에서 돌고래를 만나면 꼭 손나팔을 하고 커다랗게 외치겠다.

"우리가 잘못했어. 앞으로는 정말 너희를 괴롭히는 사람들이 없게 할게."

사과하고 싶은 거다. 그리고 그날엔 한 가지 귀한 당부의 말을 더 하고 싶다.

"그런데 4시경에만 오지 말고, 한 두어 차례 더 나와 줄 수는 없겠니?"

하루 사이에 돌고래 때문에 행복했고, 하루 사이에 가벼운 사람들의 위험한 놀이가 면목 없어 부끄러웠다는 내가, 돌고래에게 이런 당부를 하고 있었다.

감꽃

감은 가을에 열린다. 그리고 감꽃은 5월에 피었다.

내가 제주에 오는 시간은 나름대로 가장 아름답고 편안한 계절이다. 3, 4, 5월, 그리고 9, 10월 중 조금 여유가 있으면 두 달, 조금 가난해지면 한 달을 살고 간다. 내가 부자일 때, 두세 달을 지내다 보면 계절이 바뀌기도 해, 아름다운 것들을 배로 즐기며 살게 된다. 숲속에 들어갔다가 작은 봉오리가 간신히 달린 찔레 덤불을 보며, '여길 떠나기 전에 흐드러진 너희들을 볼 수 있으면 얼마나 좋아' 하면서 시간이 가기를 기다렸다. 이번에는 길 위에서 생각지도 못한 기쁨을 만났는데, 나를 아는 모든 사람과 그것을 나누고 싶었다.

한림읍 금악리에 있는 정물오름에 다녀왔다. 500미터가 안된다는데, 오름치고는 높이가 꽤 된다. 거기에 잇대어 있는 작은 봉우리를 알오름이라고 한다. 평지에서 바라보는 오름이라는 조그만 산들은 정말 보잘 것이 없어서 때로는 뒷동산만 하고, 때로는 언덕만 하게 밋밋한 것이, "올라가도 뭐 있겠어?"라며 코웃음을 치게 된다. 그러나 모르는 소리다. 일단 씩씩대며 올라가 분화구가 있는 정상에 서면, 모든 절경을 한눈에 볼 수 있다.

감청의 바다에 섬들이 점점이 떠 있고, 서울에서는 높은 빌딩에 가린 조각난 하늘만 바라보다가, 갑자기 끝없이 너르게 트인 하늘을 만나면, 올라오며 대수롭지 않다는 생각을 한 것이 부끄러이 여겨졌다.

거기에 덤으로 얻는 조그만 기쁨도 한몫을 한다. 고개를 숙여 발끝을 바라보면 여기저기 아무렇지도 않게 피어난 우리 들꽃들이 지천이다. 꽃 이름도 어찌나 사랑스러운지, 자꾸만 이름을 부르다 보면 혼자서 푸르륵대며 웃을 수밖에 없다.

뽀리뱅이, 개불알풀, 씀바귀, 쥐오줌풀… 꽃들의 이름은 아마도 생

긴 모양을 보며 아무렇게나 부르기 쉬운 이름을 붙였겠으나, 모두들 학명은 따로 있다. 나는 그런 멋진 이름보다 우리들의 어머니, 아버지들이 아무렇게나 마음 가는 대로 지어 불렀음직한 이름들이 좋다.

오늘은 오름도 힘들지 않게 적당했고, 거기다 노랑에 흰색의 꽃들로 눈이 환해지는 호강도 했으니 땡땡땡큐다.

집으로 들어가는 길목에 하얗게 떨어진 저것들. 가까이 다가서자 탄성이 나왔다. 수많은 꽃을 달고 감나무 한 그루가 서 있었다. 이 골목을 얼마나 자주 오갔는데, 그 자리에 감나무가 있으리라고는 생각도 못 했으니, 자기가 보고 싶은 것만 보는, 참으로 미욱한 눈이다.

나무에서는 계속 꽃들이 내려 바닥에 지고, 나는 쪼그리고 앉아 꽃받침이 붙어있는 온전한 꽃들을 모았다. 남편이 자동차 보닛 위에 톡톡 소리를 내며 떨어지는 싱싱한 꽃을 주워준다. 서울에선 볼 기회가 없어서 잊고 산 걸까. 아기 볼살 같기도 하고, 통통한 아기 엉덩이 같게도 생겼다. 연하고도 또 연한 도톰한 꽃들을 한 움큼 주워 와 사진을 찍어서 좋아하는 이들에게 보냈다. 달콤한 향까지 보내줄 수 있다면 얼마나 좋을까. 오늘 밤 꿈엔 우리 어린 그 날처럼 감꽃 목걸이를 만들어 보자.

나는 서울에서 나고 자랐다. 아버진 방학이면 외가가 있는 경기도 삼송리로 나를 보냈다. 외할머니는 손녀를 귀하게 여기셨으며, 삼촌이나 사촌들에게 극진한 대우를 받았다. 분홍 샌들에 레이스 달린 원피스를 입은 서울내기에게 홀딱 반한 코찔찔이와 짧은 윗도리로 동그란 배를 가린 사내아이들을 거느리고 선머슴처럼 뛰어다녔다.

그 애들은 내 말이라면 무어든 들어주었다. 할머니가 차려준 점심을 먹고 우리의 아지트로 가고 있는데, 그 녀석들이 논둑에 쪼그리고 앉아 키들거리고 있었다. '뭘 하는 거지?' 쫓아가서 들여다보고는 비명을 지르며 한 녀석의 머리통을 냅다 갈겼다. 개구리 똥꼬에 밀대를 집어넣고 볼이 미어지게 바람을 불어넣고 있는 것 아닌가.

나는 잘할 줄도 모르는 나쁜 욕을 속사포처럼 뱉으며, 놈들이 논두렁에 처박힐 만큼 발길질을 하다가 돌아서 달렸다. 씩씩대며 뛰다 보니 아이들 서넛이 나무 밑에서 무언가를 집어먹고 있다. 내 꼬붕인 찔찔이와 신발도 없는 배불뚝이가 어느새 따라와 옆에 서 있다. 본 척도 않고 나무 밑을 들여다보니 아이들이 조그맣고 오동통한 하얀 꽃을 모으는 한편, 연신 입속으로 넣어 오물거리고 있다.

밥풀처럼 하얀 꽃들은 달착지근하고도 좋은 향기가 났다. 찔찔이가 발을 한번 구르면서 "저리 가!"라고 소리치자 아이들은 흰 눈을 쌜쭉거리다가 얼른 일어나 가버렸다.

"감꽃이야. 감나무에서 떨어지는 거야."

자랑스럽게 말하며 내 옷 앞섶에 감꽃을 모아 주었다.

한 아이는 강아지풀 줄기에 꽃들을 꿰어 길게 엮어주었다. 배불뚝이는 "하나씩 빼 무어라" 하며 자랑스럽게 웃었고, 찔찔이는 풀에 꿴 감꽃을 내 이마에 묶어 주었다. 그 오동통하고 예쁜 감꽃 때문이 아니라도 나는 아까부터 그들을 용서하기로 결심했었다. 신발도 신

지 않은 배불뚝이가 내내 마음에 걸렸기 때문이다. 만족한 얼굴이 환하게 밝아지자, 그들은 내 손을 잡고 나보다 더 환하게 웃었다.

삼송리의 새까맣던 그 아이들은 지금 어디에 있을까. 넉넉한 마음을 가진 아내와 따뜻한 심성을 가진 아이들과 함께 어디선가 편안하게 나이 들고 있을 것이다.

식탁에 앉아 흰 실로 감꽃을 꿰는데, 행운처럼 만난 어린 날의 기억이 소중했다.

몇십 년을 훌쩍 떠나, 없었던 일들처럼 기억조차 못해 잊고 살던 내가, 톡톡 감꽃이 지는 나무 아래 꼭 그날처럼 햇살같이 웃으며 서 있었다.

PS. 그 시절을 반추하는 아내에게 남편이 충격적인 한마디를 던졌다.

"아무리 불어도 개구리 배는 터지지 않더만."

시골 동네 의원에서

제주에 와서 오랫동안 앓았다. 온 동네를 다녀 피곤하고 힘이 들었어도 맑은 공기와 건강한 햇살 덕분에 제주의 시간들을 언제나 편안히 즐길 수 있었는데, 이번에는 무슨 일인가.

저녁 무렵 샤워를 했다. 더운물을 기다리며 미지근한 물로 목욕을 하는데 끝날 때까지 찬물만 나오니 덜덜 떨면서도 주인을 번거롭게 할까 봐, 그러면 샤워 도중에 부랴부랴 옷을 입고 나와야 하는 것이 번거로워 서둘러 차가운 물로 샤워를 마쳤다.

이미 젊은이들은 더운물이 안 나온다고 이야기를 해서 점검을 시작했다니, 늘 쭈뼛대는 노인의 소심함은 언제 어디서나 당당하게 자신의 이야기를 할 줄 아는 젊은이들에게 오늘도 졌다. 주제넘은 이타심이 스스로를 번거롭게 한 셈이다.

그 밤부터 감기가 시작되어 기침과 재채기를 심하게 하는데, 약을 사다 먹으면 낫겠지 한 것이 두 번째 실수다. 기침이 심한 것도 무릅쓰고 오름 위의 바람이 그리워 단산으로 간 것은 또 세 번째 실수다. 오르다 보니 너무 힘이 들어, 제주에서는 드문 악산이라고 핑계를 대며 도중에 내려와야 했다.

혹시 내가 코로나에 걸린 걸까? 중얼거리는데, 아무 대답이 없어 방문을 열었더니 남편이 혼자 마스크를 쓰고 누워있었다. 세상에, 뭐 저런 인간이…. 정말 그 이기심이 미워서 마스크를 확 벗겨버리고 뽀뽀나 해줄까, 싶었으나 차마 못 했다. 내가 걸렸다면 저 인간이 건강한 채 있어야 하고, 그래야 날 간병할 테니까. 어찌 됐든 내일은 병원에 가 검사를 받아봐야겠다.

동네 의원에 가서 바깥에 따로 준비된 코비드 검사실로 갔다. 간호사가 말 한마디 없이 장갑으로 무장한 손만 내밀어, 무자비하게 면봉을 들이밀었다. 내 소중한 몸속을 엿보려면 마음의 준비라도 시키는 것이 옳지 않은가. 겁먹은 환자를 위해, '가만히 계시면 안 아파요, 머리를 움직이시면 안 됩니다' 하고 편안하게 안내를 받아도 무서운 판에, 갑자기 이마 한가운데 깊숙한 곳까지 면봉이 들어오다니. 놀라서 소리를 지르려는 찰나 면봉은 쑥 빠져나갔고, 잠시 후엔 "음성입니다"라는 서울말을 남긴 채 자신의 자리로 돌아간다.

아까는 뭔 아방 어멍 찾고 할머니 환자에게는 삼촌이라고 부르며 완벽한 제주도민의 행색이더구먼. 밤새도록 앓다 왔어도 세련된 서울 여인인지라 자기도 서울말을 한답시고 고따우로 한마디를 던지고는 정 없이, 위로 한마디 없이 또박또박 가버리는 것이다. 자기네들은 바다에 단련되고 폭풍이 몰아쳐도 끄떡없는 강건함을 어머니로부터 물려받아 조그만 두려움쯤은 아무렇지도 않은 모양인가?

의원에는 온종일 심심한 제주 할망들이 새까맣고 뽀글뽀글한 머리를 하고 다른 나라 언어인 듯 전혀 알아들을 수 없는 이야기로 각자가 시끄러웠다. 우리가 예로부터 자랑스러운 단일민족이건만, 어찌 이 섬은 이렇게 다른 언어로 외국에 온 듯 낯선가 말이다. 할방 한 분 빼고 모두 다 할망이다. 제주의 할아버지들께선 아픈 분이 안 계신가 보았다. 혹시 배 타러 나가셨다가 돌아오지 못한 걸까? 아, 이 요망. 상상하기도 싫다.

어쨌든 동네 사랑방인 듯 모여 삼동네 일어났던 일들을 모두 다 참견하고, 누가누가 더 효자 아들을 가졌나 내기를 한다.

공연히 붉은 등을 켜고 물리치료를 다 받은 다음에 더운 찜질을 끝내고, 누워있으면 따뜻한 자리 밑에서 둥근 공이 우당탕탕 돌아다니며 안마를 해주니 행복한 한나절을 보낼 수 있었다.

간호사가 "오월삼춘" "기순삼춘" 삼춘이라 불리는 할망마다 모두 들어간 뒤에야 선생님을 만날 수 있었다.

"치료받으려다 병이 더 도지겠어요."

선생님은 껄껄 웃으며 "시골 의원은 다 이렇소" 대수롭지 않게 이야기하며 처방을 해준다.

주사실로 들어가 간호사에게 엄마 말고는 이 세상에서 단 한 명만 볼 수 있었던 엉덩이를 내어주었다. 부끄러워할 새도 없이 한 대 턱! 때리더니 "문지르세요" 하며 나가버린다. 어휴. 뻣뻣하기는, 하면서도 이제는 낫겠구나, 하는 안도감이 들었다.

얼마나 몸이 힘들었으면 '저 선생님께서 날 꼭 낫게 해주실 거야' 믿고 싶었다. 그러나 눕기만 하면 기침이 심해 잠들 수 없는 괴로운 날은 계속됐다. 이전에는 감기에 걸리면 삼사일쯤 앓고 일어나 가볍게 일상으로 돌아갈 수 있었다.

이번처럼 독한 약을 배부르게 먹어도 차도 하나 없이 힘이 드니 감기가 지독한 건지, 늙어 몸이 약해져 회복이 더딘 건지, 너무 힘이 들어 이렇게 앓다가 죽을 수도 있겠다, 라는 생각이 들어 괴로웠다. 이런 마음을 남편에게 이야기하면, 몰래 화장실에 들어앉아 숨죽여 웃을까 봐 아무 말 하지 않았다.

며칠이 지나 처방해 준 약을 다 먹도록 호전될 기미가 없자, 폭우로 쏟아지는 빗속을 달려 다시 의원을 찾았다. 오늘은 또 다른 할망들이 치료실을 점령하고, 눕거나 앉아 반나마 알아들을 수 있는 언어로 시끄럽게 세상사를 논의 중이다. 제발 이번에야말로 꼭 나아야 한다. 나중에는 내가 저 치료실 가운데 자리에 제주 할망들과 함께 누워, 남편 흉을 보거나 아들이 얼마나 효자인지 목청을 높여야 할 것 같아서이다. 폭우 속을 택배 아저씨가 다녀갔다. 딸아이가 기침에 좋다는 도라지청과 배즙을 보내왔다.

오래된 초등학교
교정에서

오래된 학교마다 예쁘고 듬직하다.

거기서 잘 자란 아이들은 얼마나 착하고 바른 심성을 가진 사람으로 자랄까, 기대가 되었다. 자신을 사랑하고 주변을 따뜻한 눈으로, 깊숙하게 들여다볼 줄 아는 어른이 되겠지.

여기는 집 근처의 초등학교다. 교정에 혼자 앉아 멍 때리기를 한다. 아이 하나 없는 텅 빈 운동장. 학교를 둘러싼 굵은 나무들. 교장 선생님이 올라가 지루한 훈시를 끝도 없이 늘어놓을 단상. 아이들을 새순과 푸른 잎과 단풍과 낙엽으로 지켜봤을 고목들.

이순신 장군께서는 '나를 따르라'며 기운 하나 없이 외칠 것 같은 생각이 드는 것은, 오래되어 칠이 벗겨지고 조금씩 깨져 나가 여기저기 상한 탓이었다. 아이들을 위해서라도 하루빨리 깨져 나간 옷자락도 수선해 드리고, 벗겨질 듯 낡고 해진 신발도 좋은 걸로 바꾸어 신겨 드리면 좋겠다. 그 옆으로, 바라만 봐도 눈물이 나올 것 같은 우리의 태극기가 힘차게 펄럭인다.

벽돌을 놓고 페인트로 칠했으니 아이들이 늙도록, 그 아이들의 아이들이 뛰어와 뛸 때까지 지워지지 않을 사방치기 그림. 그리고 8까지의 숫자. 우린 근처에 굴러다니는 큰 돌을 주워 엉덩이를 하늘로 뻗치고 큰 네모에 가위표를 하고 숫자를 써넣었었다.

담 아래 노란 꽃 가자니아와 마가렛의 가냘픈 꽃대가 바람에 흔들리고, 운동장에 아직은 비어있는 골대 앞, 서너 개의 축구공이 아이들을 기다리며 한가롭다. 쪼꼬만 아이들이 교실 밖으로 나와 종달새보다 높은 소리로 지저귀고, 비명을 지르기도 하는 교정을, 떠나기

싫어 자꾸만 주저앉은 운동장. 혹 내가 갈 곳이 없는 건 아닌가.

그냥 아이들이 모두 다 행복해 보여 좋았다. 거기에 저 푸른 하늘 좀 봐, 그 아래 긴 머리칼을 팔랑대며 뛰는 아이들은 가벼운 나비 같았다. 늙은 느티나무 아래 꼬맹이 세 명이 둘러앉아 재잘댄다. 슬그머니 옆으로 가 들여다보니, 한 아이가 묻는다. "이거 드려요?" 조그만 유부초밥을 들어 올렸다.

"아니, 괜찮아" 하면서도 손을 벌려 받아먹었다. 엄마들이 싸준 먹거리에는 동그란 주먹밥도 있었고, 오징어 구운 것도, 그리고 귤 몇 알도 있었다. 나도 내 아이들이 어릴 때 조그만 김밥과 유부초밥을 쌌었다. 아이들이 주기 전에 내가 하나씩 집어먹어도 그 애들은 별로 마음 쓰지 않았다. 오징어를 씹으며 물었다.

"몇 학년이니?"

2학년이란다.

"학교가 아주 오래되었나보다, 나무들이 무척 굵어. 이 학교에 다니니 좋지?"

한 아이가 별로 좋은 건 모르는데, 자기의 아버지도 이 학교를 다니셨단다. 다른 아이가 말했다.

"우리 할아버지도 이 학교 나오셨대요."

아이들과 아버지가, 또 그 아버지의 아버지가 남루한 옷을 입고 신발도 없이 뛰어다녔을, 그래도 행복했을 그러나 늘 허기졌을, 그의 아버지들이 함께 다닌 오래된 학교. 도장밥 난 동그란 머리통에

무명 저고리, 검정 물들인 반바지를 입고 배가 고파서 기를 쓰고 운동장을 달리는 아이들이 보이는 것 같았다.

　아이들은 나의 신파는 생각도 못한 채 주섬주섬 가방을 챙겨 들었다. 나도 아이들을 따라 일어나 교문 가까이 있는 편의점에서 그 애들이 고른 아이스캔디와 막대사탕, 그리고 과자를 한 봉씩 손에 들려주었다.

　아이들은 이상한 여인네와 잠시 앉아 있었던 것도 잊고, 과자를 흔들며 환한 웃음을 남기고 돌아섰다. 자손 대대로 다니는 오래된 학교. 운동장에 앉은 아이 셋, 한 반에 열댓 명, 한 학년이 두 반. 이 학교에 다니는 아이들을 질투했다. 그들의 부모와 조부모를 질투했다.

　제주에 와서 가장 부러웠던 것이 초등학교 교정이었다. 교사 자체도 아기자기하고 편안하게 안정적으로 보였지만, 오래전부터 그곳에서 아이들을 길러낸 운동장은 더욱 아름다웠다. 새파란 하늘이 언제나 넓은 운동장 안으로 들어와 있고, 맑고 청량한 바람이 그곳에서 기다렸다가 땀에 젖은 아이들의 이마를 서늘하게 식혀 주었다. 아이들은 또다시 거기서 뛰고 달렸다. 학교의 둘레를 감고 있는 키 큰 나무들은 멋진 담벼락이었고, 아이들의 가방이 나무 그늘 아래 던져져 아무렇게나 나뒹굴고 있어도 좋았다. 축구라도 하는 녀석들은 땀을 뻘뻘 흘리며 뛰다가 윗도리를 훌러덩 벗어 가방 위로 집어 던지고, 다시 돼지 멱 따는 듯한 소리를 지르며 골을 향해 뛰어갔다.

어떤 마을을 우연히 지나다가, 양옆으로 나무들이 도열해 길게 늘어선 도로를 보았다. 저곳으로 들어서면 어디지? 나무들이 좋기도 하다. 아…. 지각한 녀석이 왜 이렇게 머냐고 투덜대며 뛰었을 등굣길을 그 나무들이 맞아줄 것이다. '더 빨리 달려라. 이놈들'이라 채근하며. 초등학교였다. 나도 여기 살다가 저렇게 고운 아이들을 새롭게 나고 길러, 이 학교에 보내 바르고 착한 심성의 아이들로 키우고 싶었다.

오래된 학교들이 제주에는 참 많다. 이전에 한 번 들러 커피를 마셨던 바다를 향해 앉은 작은 카페는 아무 안내판도 없이 문을 닫았다. 오히려 누구의 방해도 받지 않고 호젓한 곳의 야외 탁자를 차지한 채 바다를 지켜볼 수 있어 좋았다. 파도는 오늘도 눈앞까지 좇아

와 하얗게 부서지며, '잘 왔다, 잘 왔
다', '마음 무거운 하루가 힘들었다면
모두 내게 실어 보내면 된다'며 나를
어루만졌다. 괜찮다고 다독였다.

바닷길과 검은 돌담을 여기저기 기
웃거리며 쓸쓸하고 외롭게 보낸 시
간. 그런데 마음은 더욱 따뜻해져 돌
아갈 수 있으니 대견했다. 집을 나섰
으나 낯선 이 섬에는 정작 갈 곳이 없
어 터벅대고 걷다가, 잘 보낸 시간이
다. 혼자서도 이렇게 마음 그득한 하
루를 보낼 수 있구나. 가끔은 남편과
대판 싸우고 집을 나설 일이다.

곁의 선물 가게에서 꽃반지를 하나
사, 검게 탄 손가락에 끼우고 예쁘다,
들여다보았다. 돌아가면 남편의 새끼
손가락에 꽃반지를 끼워 봐야지.

푸대접받아도
나는 제주가 좋다

첫 번째 들어간 집에서는, 재료소진으로 점심을 먹을 수 없었다.

두 번째로 들른 한가네. 반찬이 아무것도 없다며 먹든지 말든지 차려준 밥상을, 오랜만에 집에서 먹은 음식처럼 맛있게 먹었다. 손님에게 팔 음식은 모두 떨어졌으니, 아마도 자신들이 먹는 찬들을 차려주었을 거다. 이미 다른 밥집들도 문을 닫았을 테고, 가 봐야 소용없다. 주인마님께서는 밥도 한 그릇밖에 안 남았다며 누룽지라도 먹을래, 라고 묻는다. 배가 고픈 두 사람이 쌍으로 미소를 날렸다.

'그런데, 제발 반찬 그릇 좀 패대기치지 말고 다정히 좀 대해 주세요.'

그나마 밥그릇을 뺏길까 봐, 하고 싶은 말을 입속으로 삼켰다. 정말, 더럽다.

"내 돈 주고 밥 먹어가며 이런 푸대접은 처음이야, 그치?"

부어터진 입으로 구시렁대며 양푼에 널부러진 누룽지까지 싹싹 긁어먹었다.

그런데 말이다. 어찌나 맛있던지 제주에 와서 그렇게 맛있는 밥은 처음으로 먹어봤다. 그리고 더 행복했던 것은 누룽지를 먹었으니 밥값은 일인분만 내란다. 오 예~

제주도 사람들, 풍경처럼 멋지다. 그래도 내 푸념을 좀 들어볼 텐가? 뭔 휴일이 자기 마음대로다. 문을 열어 간판을 달고 시작을 했으면, 자기들 편의보다 손님들과의 약속을 먼저 챙겨야 하지 않나 말이다. 내키지 않으면 아무 때나 문을 닫거나 휴일이라 써 붙이면 다냐? 귀찮으면 '재료소진'. 또 무슨 휴일이 집집마다 요일을 달리하는지. 우리는 보통 월요일을 휴일로 알고 있어 먼저 대비를 하게 된다.

일요일이라서 쉬고, 월 화 수 목요일이라서 쉰단다. 재료소진이라니, 전날 그런 연유로 일찍 문을 닫았으면 재료를 넘치게 준비하면

될 일 아닌가. 미리 확인하지 않고 나섰다가는 허탕을 치고 오는 일이 많아 이상하네, 무슨 일이 있나, 왜 그러지? 그 집에 우환이 있는가 하여 내가 더 걱정을 했다.

어느 날은 밥을 먹으려는데 '재료소진'이라고 붙어있다. 그 윗집도 그렇단다. 다시 그 위의 고깃집으로 갔는데, 어? 여긴 또 영어다. 'close'. 불이 켜져 있기에 몰래 다가서, 문틈으로 들여다보니 오메~ 문 닫은 집의 사장님들이 모두 거기에 둘러앉아 고기를 굽고 술을 돌리며 난리 블루스다.

이게 무슨 상황이냐? 억지로 이해를 해 본다면 이렇다. 동네는 관광단지도 아니고 중심가도 아닌, 눈앞엔 바다가 길게 누운 그저 조용한 시골 마을이다. 관광객이 미어지게 많지도 않아, 손님이 있으면 장사를 하고 없어도 그만인 탓이라 이해를 하게 되었다. 듣기로는 물론 과장일 수도 있겠지마는, 이 동네 분들이 대부분 귤 농사도 함께하고 있어 연 매출이 일억이란다. 위미는 효돈과 가까웠다. 효돈의 감귤은 달기로 소문이 났는데, 자기들끼리 모두 사 먹으니 다른 이들에게 팔 것이 없단다.

귤 농가가 많은 위미에 우리는 살고 있다. 이 동네서 먹거리를 해결해야 하니, 위에서 이야기한 것처럼 툭하면 문을 닫는다든지, 저녁 장사는 아예 하지 않는 음식점이 많다는 것을 알고 있다. 그러니 내 짐작을 이야기한다면, 그저 음식점을 열어놓고 손님이 있으면 있는 대로, 없으면 잘 되었다 편히 쉬고, 하루 수입에 애면글면 마음

을 쓰지 않는구나 라는 생각을 하게 되었다. 다행히 음식에는 최선을 다하는 듯 보여 먹을 만한 집이 꽤 있다.

좋은 일이다. 여유 있는 시간을 즐기는 서귀포인들의 삶. 물론 모두 다 그렇게 귤 농장을 갖고 있어 편안하게 사는 것은 아닐 것이다. 바라건대 모든 제주인의 삶이 그랬으면 좋겠다.

하지만 관광지는 달랐다. 늦은 시각까지 젊은이들의 불야성이다. 없는 시간을 만들어 이곳에 왔어도 길어야 4, 5일이니 부지런히 움직여야 한다. 맛집들이 수도 없으며, 모든 편의시설이 몰려있는 관광지이다 보니 그들은 한 군데도 빠짐없이 들르고 싶다. 그래서 그곳은 온종일 젊은이들로 북적인다. 이름난 협재나 애월 등의 절경을 보고 가야 제주에 다녀왔노라고 큰소리를 칠 수 있어 공항 근처의 관광지가 항상 몸살을 앓는다.

한 가지, 이렇게 좋은 곳에 와서 쉴 수 있으니 그들은 제주를 향한 예절을 항상 갖췄으면 좋겠다.

제주가 고향인 남편의 친구가 있다. 그는 대학 때 서울로 유학을 왔다. 그 좋은 곳을 왜 떠났느냐고 물으면 그는 다른 소리 없이 이렇게 말한다. 가서 살아보라고, 거기서 평생을 살아보라고. 눈만 뜨면 바다였다고. 얼마나 그 섬을 벗어나고 싶은지, 늘 꿈을 꾸었다고 했다.

"내가 대학을 핑계로 떠날 수 있을 때까지 얼마나 긴 시간을 기다렸는데."

젊은 혈기가 못 견디게 뜨거워, 열이 오르고 답답할 때마다 한라산으로 뛰쳐 올라가도 사방이 바다였고, 내려와 아무리 달려도 바다 곁이고, 가도 가도 바다밖에 없어서 그 지겨운 바다를 벗어나는 게 소원이었단다.

글쎄, 잘 이해가 되지 않았다. 모두가 잘살고 있는 제주도민들은 어찌하고. 그곳이 그렇게 싫다니. 그건 잘 모르고 하는 소리란다. 모두들 뭍으로 가고 싶어 한다. 그들의 부모도 여건만 허락된다면 그렇게 하고 싶다. 그렇다고 그들은 육지 것들을 좋아하지도 않는다. 공항이 미어터지도록 이 가방 저 가방을 들고 밀려들어 한참을 시끄럽게 굴다가 썰물처럼 빠져나가는 형상들을 그저 무표정하게 바라볼 뿐이다.

그들이 우리를 좋아하지 않아도 나는 움직일 수 없을 때까지 올 것이다. 길게 누워 나를 기다리는 바다와 바람과 파도, 가을이면 미친 듯이 몸을 부딪치며 올어대는 마른 풀들과 새파란 하늘과 안개와 폭우가 있는 이 섬에.

버스를 타면 새까맣게 뽀글뽀글한 파마를 하고, 온 동네 할망들끼리 친분이 있어 사돈의 팔촌까지 안부를 다 묻는다. 버스 기사는 그분들이 타고 내릴 때마다 백미러를 바라보며 모두 다 자리에 앉은 걸 확인하고는 부우웅~ 떠난다. 그런 제주가 나는 좋다.

성산일출봉의 풍경을
묻지 마라

집 앞에서 201번 버스를 탔다. 제주를 굽이굽이 구석구석 여기저기 도는 착한 버스다.

여행하는 이들은 이 버스를 자주 탔을 것 같다. 버스 안 제주 할망들의 반가운 인사. 우리는 알아들을 수 없는 대화였으나, 그들은 정류장마다 오르내리는 다른 할망들과 시끄럽다. 기사아저씨는 백미러로 확인을 하고, 노인들이 모두 자리에 앉은 뒤에야 떠났다. 도로 위에는 노인보호구역이라며 2, 30킬로로 서행하라는 굵고 노란 글씨가 보였다. 높은 자리에서 보니 바깥 풍경이 잘도 보인다. 거기에 조금만 너른 평지가 있으면, 유채와 장다리꽃들의 잔치로 눈이 사치를 한다.

거리에는 여행을 온 사람들 외에 제주에 사는 사람들은 잘 보이지 않는다. 젊은이들은 모두 육지로 돈 벌러 떠났을까. 바다로 갇힌 섬이 내내 지겹고 괴로워 뭍으로, 뭍으로 떠나간다. 육지 것들은 또 섬이 궁금하다며 배낭을 지고 캐리어를 끌고 수도 없이 밀려 들어 왔다.

버스를 타면 참 좋다. 볼 수 없었던 많은 것들이 보이고, 도로는 속력도 내지 못하는 자동차들을 잡아당겨 3, 40킬로로 달리라 했 다. 조금이라도 속력을 내면 낮이나 밤이나 차 안에 살고 있던 여인 이 얼굴을 붉히며 속도를 줄이지 않는다고 반복해서 날카로운 소리 를 낸다. 시끄럽다고 퉁을 줘도 죽기 살기로 규범을 지켜내자는 기 특한 여인이다. 속도를 내다가 좀 기분을 내려면 또 빼뽀거리니 운 전자들에겐 아주 귀찮은 일이지만, 사고를 미연에 방지하는 일이라 잘 지켜야지 하면서도 "에이 망할 노무 도로" 욕을 했다.

서울 집으로 과속딱지나 보내고 말이야. 딸아이는 투덜대지도 않 고 몇 번의 범칙금을 나 몰래 물었다.

성산에 도착했다. 가벼이 날리는 꽃잎들이 머리 위로, 손등으로

스치듯 떨어져 내린다. 꽃잎으로 뒤덮인 거리를 걷는 일은, 그동안 살면서 애썼다고 엄마에게 받는 상 같았다. 꽃잎 진자리에 연록의 잎사귀들이 모두 올라와 있어 서운했지만, 그것은 꽃보다 더 예쁘고 희망에 차 보였다.

둘러보니 중간중간 초록의 잎사귀가 섞인 벚나무들이, 올봄은 이제 내가 데려가겠다고 인사를 전한다. 내 허리 세배는 됨직한 나무 둥치들. 고목으로 살아내기 위해 속을 비운 한편엔, 목피만 남았어도 그 남은 가지로 다시 꽃을 피웠다. 인파로 묻힌 길, 거기에 오가는 수많은 사람. 입을 닫으니 보이는 게 많아졌다. 들리는 것도 많아졌다. 그리고 그 앞에 우뚝 선 초록의 오름.

성산일출봉엘 올라가려면 입장료를 내야 한다. 우리는 국가 유공자다. 나라에 조그만 정성을 보태며 늙도록 열심히들 살았다고 입장료가 면제다. 공짜는 와 이리 좋을꼬. 하지만 안타깝게도 나는 거기서 볼 수 있는 일출을 한 번도 보지 못했다. 새벽 4시 반쯤에는 출발해야 하니 저녁형 인간인 내게는 어림도 없는 욕심이다.

높이는 180미터쯤 된다는데, 그렇게 높지 않은 오름이지만 가파른 계단이 500여 개에 달한다. 땀을 비 오듯 흘리며 오르다가 너무 힘들면 다른 이들이 듣지 못하게 나쁜 욕을 했다. 오물거리는 내 입을 본 남편이 "지금 욕했지?" 웃으며 물었다. 계단은 힘이 들었다.

그럴 수만 있다면 휘릭 돌아 쏜살같이 내려가고 싶었다. 일방통행이라 계단을 비집고 내려가는 일을 할 수 없으니 하는 수 없이 마음

을 고쳐먹었다. 다시는 이곳엘 오르지 못할 테고, 그러니 죽을힘을 다해 오르고 또 오르기로.

드디어 온몸을 땀으로 적시고 남아있는 모든 기를 모아 힘겹게 오른 정상에 주저앉으며 말했다.

"어쩔 뻔했어, 그냥 돌아갔다면."

그곳에서의 풍경을 내게 말하라 하지 마라. 그 아름다움을 날로 먹을 생각은 꿈에도 하지 마라. 거기서 광치기 해변을 보고 우도를 보고, 그대들 스스로 땀 흘려 올라 그대들의 눈으로 그대들 가슴에 새길 일이니. 푸른 물이 넘실거리는 그 바다에, 초록으로 떠 있는 아름다운 화산섬들을 꼭 한번은 봐야 한다.

그 희망처럼 벅찬 풍광들을 어디서 만날 수 있으랴. 그런데 젊은

이들은 오르기 시작해 뽀르르, 한 시간도 안 걸리는 높이를 우린 어찌 이렇게 힘겹게 올라야 하나, 별생각이 다 들었다. 조그만 포크레인을 숨겨가지고 올라와, 계단을 다 뽀개 버릴까. 눈으로 흘러드는 땀을 닦으며, 이렇게 힘들 일은 아니다. 이번에는 여행이 아니라며 편안한 마음으로 천천히 걷고 보이는 대로 보고, 굳이 보이지 않는 것들을 찾아 헤매가며 마음을 무겁게 할 일이 아니라 하지 않았는가. 바람과 햇볕과 같이 놀고 수평선에 눈을 걸어두고 푸르게 마음을 씻을 일이라잖은가. 지친 마음을 파도에 맡겨 쓸려가고 밀려오는 대로 거기서 만족하기로 해놓고, 왜 내 뒤를 따라오는 빠른 시간에 자꾸만 마음이 바빠지는가.

가도 가도, 보아도 보아도, 아름다운 것들이 끊임없이 생기는 섬이니, 욕심을 거둬 천천히 시간을 보내면 될 일을.

아들이 약혼녀와 함께 내려왔을 때, 일렀다. 시간이 넉넉하진 않겠지만 성산일출봉은 꼭 다녀오라고. 씩씩하게 대답을 하고 떠난 아이들이 돌아온 뒤 물었다. "그럼요, 다녀왔죠." 피곤하다며 얼른 자리를 뜨는 아들 뒤에서 몰래 새 아이에게 물었다. 일출봉 아래 카페에 있다가 왔다며 수줍게 웃었다.

하늘도 푸르고 바다도 푸른 한가운데 우뚝 솟은 초록의 분화구. 이 녀석들! 너희는 평생을 살면서 지치고 힘이 들 때, 갑자기 떠올릴 희망 하나를 놓쳤다.

초록이 젖었다

몇 차례 제주를 들락거렸다.

운이 좋았는지 와 있는 동안에 언제나 날씨가 좋아 자연에서 받을 수 있는 모든 혜택을 다 누리며 지낼 수 있었다. 햇볕, 바람, 나무, 대숲, 꽃, 아름다운 것들은 항상 곁에 있었다. 그런데 이번처럼 날씨에 대해 민감했던 적은 없었던 듯싶다. 황사가 연이어 시야를 가려서 가벼운 외출에도 신경이 쓰였다. 봄이 되면 서울에서는 자주 경험할 수 있는 일이어서 그러려니 하며 지냈지만, 이제는 제주까지 황사와 미세먼지로 청정할 수 없으니 아름다운 섬이 몸살이다.

거기에다가 다른 때와 달리 폭우가 자주 내려 3, 4일간 외출할 수 없는 날도 심심찮게 있었다. 어제도 하루 종일 비가 내려 보일러를 넉넉히 넣어놓고 각자의 방에서 낮잠을 자고 막걸리와 김치전으로,

오랜만에 느긋한 하루를 보냈다. 창을 활짝 열고 잔디밭이 젖어 드는 것을, 돌담이 검게 물들어가는 것을 지켜보았다. 굵은 낙숫물이 나무의자에 떨어져, 방으로 튄 빗방울이 바닥을 적신다. 담 위에 노랗고 붉은 꽃들이 얇은 몸피를 접고 아까부터 얼굴을 숨겼다. 온갖 것들이, 이 땅의 모든 것들이 아름다웠다.

'저기 아름다운 것, 또 있네.'

막걸리 한 병에 취한 남편이 못생긴 시골아이처럼 푸르륵거리며 잠이 들었다. 좀 전까지만 해도 무어라 중얼대며 참견을 했는데, 배에 수박씨 하나 붙어있으면 금상첨화겠다. 올해는 오름을 오르는 일이, 올레를 걷는 일이 조금 힘든가 보다.

혼자서 비옷을 입고 우산을 쓰고 맛있다는 빵집까지 걸어갔다. 비옷을 입지 않았다면 우산을 썼어도 옷이 모두 젖을 만큼 빗줄기가 드셌다. 유명하다는 소금빵을 사고 맛있어 보이는 빵 몇 개를 골라 집으로 돌아왔다. 아침에 출근해 4시까지 펜션의 일을 돕는 젊은 댁이 보여 그녀에게 빵을 건넸다. 얌전한 그녀는 부끄러워하며 빵을 받았다.

숨도 못 쉬게 퍼붓던 폭우가 뜨거운 햇볕에 쫓겨 가고 말았다. 웬 떡이냐며 볕 잘 드는 곳에 고사리를 널었다. 고사리는 제주의 뜨거운 햇살에 서너 시간이면 마른다. 고사리를 널 때마다 스스로가 기특해서 벙싯벙싯 웃음이 나왔다. 고사리라고 널어봤자 야외용 비닐 돗자리로 반도 되지 않지만, 쥔마님이 보고 비웃을까 봐 한 가닥씩

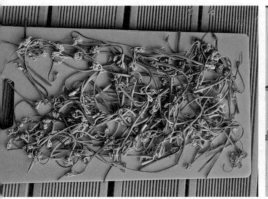
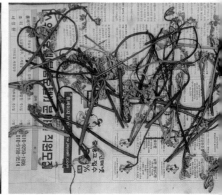

펴 널어, 멀리서 보기엔 돗자리 하나 가득으로 보인다. 이쑤시개만
한 고사리도 내게는 소중해 함부로 버렸다가는 남편이라도 내쫓긴
다. 아픈 허리도 펴지 못하고 한나절을 따 모은 것이기 때문이다. 시
도 때도 없는 비가 내리면 미친 듯이 달려와 고사리를 거둬야 했는
데, 갑작스런 폭우에 길이 멀어 돌아올 수 없었던 어느 날, 펜션의
젊은 댁이 비가 들이치지 않는 곳으로 옮겨놓아 주었다. 그 후에는
고사리 때문에 급하게 돌아오지 않아도 되었으니 미안하고 감사한
일이었다.

　오후엔 젖은 마당을 청소하기로 했다. 조그만 갈퀴로 솔잎과 남천
잎사귀들을 거둬내다가, 너 언제부터 거기에 있었어? 제비꽃 한 뿌
리, 보라색이 다보록. 어젠 안보였으니 연한 봉오리였다가 비에 싱
싱하게 얼굴을 내어놓은 모양이다. 하루 사이에 제 우주를 모두 다

드러내 보이는, 애기 손가락보다 작은 귀한 생명. 하찮게 보이는 것들이 모두 자신의 자리에서 부지런히 제 몫을 해내고 있는 것을 보면 대견하고 기특했다.

빗자루를 가져다 놓다가 주인 할머니를 만났다. 텃밭에 오이씨를 심으신단다. 그냥 있기 심심해서 하는 일이라며 곁에 피어있던 장다리꽃 두 줄기를 꺾어 주셨다. 조그만 컵에 담아 식탁 위에 두었는데 노란색과 모양이 유채꽃과 다름없다. 나는 여전히 그 둘의 다름을 구별할 줄 모르지만, 노란 장다리는 배추꽃이고 분홍 장다리는 무꽃이라는 것을 안다. 유채꽃밭도 아름답지만, 노랑 장다리나 무꽃 밭도 아름답다. 서울 사람들은 그런 것도 모른다. 그들은 억울해 할 수도 없다. 아무것도 모르니까.

아, 참. 구좌에 있는 다랑쉬를 오르는 길에는 무 장다리 꽃밭이 정말 아름답다. 바람에 이리저리 누웠다가 일어서는 보라의 꽃무리들을 보노라면 한동안 넋을 놓게 된다. 잔잔하고도 부드러운 춤사위. 서울에서는 별로 귀하게 여기지 않았던 것들이 소중하다.

누구도 할 수 없었을, 무꽃을 화병에 꽂아보는 작은 일도 호사라고 생각하니 부러운 게 없었다.

온종일 집에서 풀방구리처럼 돌다가 답답해지니 걷고 싶었다. 비가 왔나 싶게 시치미를 뚝 떼는 마른 도로를 걸어 동네를 한 바퀴 돌았다. 연보라의 꽃잎에 점점이 보라색으로 씨가 박힌 듯한 산골 무꽃을 보았다, 얌전한 작은 꽃이 가지마다 연한 색으로 얹혀 있는 멀구슬나무도 보았다. 기분이 좋아 중얼거린다.

"집에 가면 커피를 마셔야지."

젖은 나무 벤치를 수건으로 닦아내고 편안히 앉아서 갓 내린 커피를 마셨다. 젖은 공기 속에서 더욱 은은하고 향기롭다. 향은 젖은 풀 위에서 흔들리고 바람은 젖은 남천의 잎사귀를 가만히 흔들다가 다시 내게로 와 머리카락 흩어진 뺨을 어루만지며 지나갔다. 초록이 젖었다.

비가 내리면
더 아름다워지는 것들

밤새 천둥소리 시끄럽고 번개는 하늘을 찢어 비가 두레박으로 퍼 붓듯 쏟아져 내렸다. 집이 떠내려갈 것 같아, 밖에 나가 벽을 붙들고 서 있고 싶었지만 아무 일도 일어나지 않았다. 부스럭거리며 누워서 빗소리를 듣는다. 이런 비를 폭우라 하는구나. 누웠다가 앉았다가, 아무것도 할 수 없는 날씨. 그래도 창밖을 구경하는 일은 즐거웠다.

저것은 뒤집어놓은 항아리 위의 낙수 소리다. 저것은 커다란 수국 잎들이 두런거리다가 무거워진 빗방울을 몸에서 털어 내는 소리다. 옅은 잠이 들었다가 다시 빗소리가 들리면 창을 열었다. 어찌어찌 시간을 확인하다가 6시경이나 되어 잠이 들었는데 남편이 가만히 문을 열고 들여다보는 기척이 있었지만 일어날 수 없어 한동안 누워 있었다.

여전히 폭우는 그칠 기미가 보이지 않는다. 관현악의 심포니 같았던 빗소리가 조금 전부터 소음으로 변할 즈음, 본래 비 오는 날이면 공치는 날이라지? 빈대떡이나 부쳐 먹는다잖아. 마음을 달래며 빗속에서도 행복한 일들이 무엇일까를 생각했다. 커피는 이제 한잔이나 내릴 만큼 남아있다. 커피잔을 데우고 뜨거운 커피를 내려 마당의 테이블에 앉는다. 지붕이 있어, 비를 뿌려도 좋은 테이블은 우리 부부의 호사다.

비 오는 날의 커피 향을 아는가. 추적추적 옷자락을 적시는 빗줄기에 마음은 더없이 처량해지고, 그리운 사람은 아득하게 멀리 있어 가슴 속이 빈방인 듯 쓸쓸한데, 김이 오르는 잔을 감싸 쥐면 그 잔이 식기 전에, 향기 속에 숨은 너를 만날 수 있을까. 커피 향은 더없이 진해졌다.

비에 젖은 초록은 어찌 이리 아름다운가. 바람이 불면 감나무 잎사귀가 제 몸속에 감추고 있던 동그란 빗방울들을 와르르 털어 내는 소리를 들어본 적 있는지. 빗속에서 더욱 처량해지는 비둘기 울음소리를 들어본 적 있는지. 담벼락 앞 유액을 바르지 않은 항아리가, 비에 젖으면서 천천히 주홍으로 변해가는 것을 지켜본 적 있는지.

비가 내리면 많은 것들이 아름다워진다. 처마 위 빗물받이에서 큰물로 흘러 낙수로 떨어지는 소리에, 우울했던 마음이 편안하고 잔잔해진다. 커피잔은 이제 텅 비었다. 커피를 다 마셨어도 좋다. 창밖의 젖은 푸름이 선물 같으니.

줄기가 가는 꽃대들과 아직 어린나무들이 억센 빗줄기에도 패이거나 꺾이지 않는 이유는, 그들이 자연의 힘을 거스르지 않기 때문이다. 휘청거리며 서서 오는 비를 다 맞아들이고, 큰바람이 불어도 피하지 않고 의연히 서서, 그것도 견딜 수 없으면 둥글게 이리저리 몸을 말아, 그 사이로 바람이 가는 길을 열어주기 때문이다.

이 집에 들어올 땐 연하디연한 봉오리였던 것들이, 그리고 새 부리처럼 조그맣고 뾰족한 새순들이, 소담스런 한 송이로 피어나고 잎사귀를 키워가다가, 거기에 쏟아지는 빗방울들을 끄덕이며 받아들이는 장하고 아름다운 모습 곁에 내가 있었다.

온종일 낙숫물 떨어지는 소리와 빗줄기에 씻겨 갈수록 짙어지는 초록을 구경했다. 빛바랜 하늘색 벤치에 앉아 젖은 슬리퍼를 간들대다가, 보았다. 꽃 화분 하나. 아직 꽃은 없었지만 봉오리와 잎사귀를 보아 작약 분이다. 이 댁 쥔마님이 우리가 외출한 사이에 현관 앞에 가져다 놓은 모양이다. 쥔마님의 배려가 꽃 같았다. 나는 가슴이 두근거리고 기쁨에 겨워 외쳤다.

"꽃이 피면 보라고 작약 분을 가져다 두셨네."

어릴 적 친구들과 남몰래 주고받았던 편지인 듯 살짝 가슴이 두근거리기도 했다. 봉오리의 크기로 보아 홑꽃이고 아마 2, 3일 새, 만개할 것이다. 꽃이 봉오리를 여는데 비가 내리면 어쩌나. 모레 즈음에는 제발 좀 그쳤으면 좋겠다는 간절한 바람을 이야기하는데, 남편이 말했다.

"그거 거기에 줄곧 있었는데…?"

지금쯤 거리는 텅 비어있을 것이다. 나뭇가지들 사이로 비를 품은 바람들이 일렁이며 춤을 춘다. 춤사위 속으로 실려 오는 바람결에 상앗빛 귤꽃 향기가 코끝에 달큰하고 흔들리는 초록 속, 붉은 넝쿨 장미 향기 같은 것, 라벤더의 보라색 향기 같은 것, 빗속에서도 끊임없이 실려 오는 5월의 냄새.

등이, 맨발이 거센 빗줄기로 젖어가는 5월이다. 하늘은 우윳빛이다.

오늘도 제주, 고맙다.

4부

우리는 천천히
늙어갈
것이다

잃어버린 마을

샹그릴라라는 도시를 여행한 적이 있다. 지금 생각해보니 아주 오래전의 일이어서 정말 그곳에 다녀온 걸까, 의문이 들도록 아득하다.

샹그릴라는 중국의 윈난성 북서부 지역에 있는 곳으로 동티베트에 속해있는 가장 풍요로운 땅이라고 한다. 하지만 그곳으로 가는 길은 아주 험난했는데, 오른편으로는 높다란 암벽이 울퉁불퉁하니 언제 그 바위들이 쏟아져 내릴지 불안했고, 왼쪽으로는 깊은 절벽 아래로 무슨 강이었을까, 싯누런 황톳물이 무섭게 소용돌이치며 흐르고 있었다. 절벽 끝의 경계석은 겨우 내 발보다 조금 크거나 내 머리통만 한 돌을 늘어놓아 간신히 위험을 알리고 있으니 헛웃음이 나왔다. 문명이 닿을 수 없는 땅을 한참이나 지나서야 도착했는데, 3,200미터의 푸른 협곡에는 눈이 맑은 사람들이 밤이 깊을수록 더

욱 새파래지는 하늘 아래 모여 살았다. 사람들에게는 호랑이도, 소용돌이치는 황톳물도, 암벽에서 굴러떨어지는 바위도 두렵지 않았다. 이 세상에서 가장 무서운 것은 피치 못할 사정이 생겨 도심으로 나가는 일이라고 했다. 그들은 아무것도 부족한 것이 없었으며, 빈곤 속에서의 풍요를 즐길 줄 알았고, 한없이 거친 음식도 이 세상 어느 음식보다 달게 먹는 것 같았다.

내가 느닷없이 제주 중산간의 이정표를 보면서 떠올리게 된 『잃어버린 지평선』은 제임스 힐튼의 소설이다. 추락한 비행기가 샹그릴라 사원의 사람들에게 구조되고, 그들의 완벽하게 균형 잡힌 삶을 보면서 이상적인 사회를 경험하게 되어 그곳을 다시 찾아 떠나는 이야기다.

혹시 '잃어버린 마을'이라는 그곳에 내가 보았던 티베트의 동네, 아름다운 샹그릴라가 숨어 있는 것은 아닌지. 바로 그곳에서 아무 걱정 없는 사람들이 다정하고 평화롭게 모여 살고 있는 것은 아닐지, 언제 기회가 되면 그곳에 꼭 한번 가 봐야겠다고 생각했다.

그곳은 4.3 유적지였다.

샹그릴라라는 아름다운 땅을 상상하며 마음이 들떠 찾아간 곤을 동이라는 마을엔 한때 사람들이 모여 살았던 집터만이 덩그러니 남아 있었다. 더러 돌담이 보여, 그곳이 누군가의 집이었겠구나 짐작했다. 곤을동은 '물이 고여 있는 땅'이라는 뜻으로 작은 바닷가 마을이었단다. 그곳에 살던 순이와 옥희, 그리고 몇몇 아이들이 뛰고 달

리던 놀이에, 고무줄을 빼앗아 달아나던 영수가 어찌 되었는지 나는 모른다. 무성한 잡풀이 우거져 있는 곁에 가만히 앉아, 그 당시에 삶을 빼앗긴 이들을 위해 잠시 눈을 감았을 뿐이다.

어느 다정한 손이 씨앗을 뿌렸는지 유채꽃들이 집터 주변으로 노랗게 피어나, 화사함보다는 처연함으로 마음이 흔들렸다. 그곳이 '잃어버린 마을'이었다. 그들이 길고 길었던 아픔을 거둬, 그리고 온 슬픔을 견디며 섬에 붉은 동백을 피워냈고, 아름다운 삼나무 숲을 만들고 오름의 능선마다 억새와 유채를 다듬어 새로이 만들어 낸 아름다운 섬. 고목으로 자라 봄마다 거리에 날리는 분홍 꽃잎으로 서로를 위로하고, 화사한 노랑으로는 환하게 따뜻한 마음들을 전하며 푸른 바다 위에 영원히 떠 있을 섬을 가꾸어 내었다.

이 섬에서는 마음이 그득해진다며, 긴 띠 같던 파도가 왔다가 사라지면 다시 그 자리로 돌아오는 수없는 영원을 즐거워했고, 긴 돌담들 사이로 옹기종기 앉은 집들이 편안해 보인다며 기웃대고 다녔으며, 그다지 높지 않은 등성이마다 찾아오는 짙은 노을이 아름답다고, 감정적인 호사만 즐기던 내가 이제야 경건해졌다.

그들이 아주 오랜 기간의 아픔을 딛고 쌓아 올려 더욱 아름다운 섬으로 일구어냈을 평화를 기억한다. 그들의 그리움이 모여 크고 작은 오름이 되고 정다운 둘레길이 되어 휴식이 필요한 모두에게 기쁨이 되었으니, 그 가치를 소중히 여겨 끝없이 그들에게 축복이 되는 섬이기를 바란다.

훔쳐 먹은 귤보다
더 맛있는 귤

제주 따가운 햇살. 검게 타는 피부를 두려워하지 않았다. 이거라도 꼭 챙겨 바르라며 딸아이가 사준 자외선 차단제도 그대로다. 햇볕에 기미나 검버섯, 주름이 많이 생긴다며 빨리 늙고 싶으면 그렇게 지내라는 아이의 협박성 발언도 아무 소용이 없다. 그저 흐르는 시간에 맡기면 되지, 이미 미모를 논할 나이가 아니니 천하태평이다. 더군다나 외출할 때만 세수를 하니, 뭔가를 바르면 씻어야 하는 번거로움이 귀찮다.

그러나 제주에서만은 정결한 여인이다. 올레길로 둘레길로, 그리고 오름으로 나서야 하니 매일 세수를 한다. 게을러서가 아니라 그냥 버릇이다. 살다 보니 그렇게 되었다. 어느 때는 귀찮아서, 어느 때는 더워서. 핑계도 많지만 그런 것들을 모두 지키고 살려면 부지런해야 하고, 기본적인 미모를 지니고 있어야 한다.

난 미모는 없지만, 결코 더러운 여인은 아니다. 청소기도 하루에 한 번은 밀고, 싱크대는 음식 거름망이 언제나 반짝거리며 빛이 나서, 날파리가 감히 자리를 잡을 수 없다. 적은 양의 음식물 찌꺼기가 생기면 밀폐용기에 넣어 냉장고에 보관했다가 나가는 길에 버린다. 남편은 싱크대를 들여다보다가 "나 오늘 여기서 자고 싶네" 하는데, 나도 거기 들어가 같이 자고 싶을 만큼 뽀득뽀득 빛이 난다. 욕실은 말할 것도 없다. 요즘은 세정력이 뛰어난 욕실용품이 많아, 뿌려두었다가 수세미로 닦기만 하면 깨끗하게 반짝인다. 이미 다 눈치챘으려나? 이 모두가 최 주부의 노고인 것을.

좋은 세상이다. 시간이 갈수록 편안해지고 날이 갈수록 보지도 듣지도 못한 것들이 자꾸 생겨나니 욕심도 자라나 보다. 내가 제정신일 때는 짧고 굵게 살다가 가는 것이 소원이라고 남편에게 이야기했었다. 그때 남편은 치사하게도 자신은 가늘고 길게 살련다며, 아주 오래 있다가 따라갈 것이니 기다리지 말라고 했다. 그런데 여전히 새로운 것을 보면 갖고 싶고 보이는 것마다 탐이 나, 생각이 자꾸만 흔들린다. 그냥 가늘고 길게 살기로 삶의 신조를 바꾸기로 했다. 아직 남편은 모른다.

어제는 만 보를 넘게 걸었다. 다른 이들에게 그쯤의 걸음은 잠시 산책하는 길에 얻을 수 있는 보행 수가 되겠지만, 놀멍쉬멍 걷는 데다가 눈에 띄는 모든 것을 참견하는 아내 때문에, 자주 발걸음을 멈춰야 한다. 그러니 만 보가 넘는다는 것은 진력했다는 의미가 된다.

　배가 고프다며 아침에 나가 남편이 사 온 김밥은 맛이 없었다. 커피를 내리고 빵과 사과를 반씩 나눠 먹고는 일요일이니 집에서 쉬자고 했다. 집에 있어도 밖에 있는 모든 것들이 우리 집으로 놀러와, 하늘 구름 햇살 바람이 함께하니 얼마나 좋은가. 그 아래 빨래를 널고 있는 최 마담. 모진 훈련 끝에 거의 완벽에 가까운 주부의 형상이다.

　빨래가 마르고 나면, 거기에 햇살이 배어있어 바스락거리는 소리가 들렸다. 빨래를 개어 정리를 하고 나니 아무것도 할 일이 없어 둘이 마주 보며 앉아 있다가, 그 얼굴이 그 얼굴인 것을 확인하고는 차라리 바다를 보자! 나서기로 했다.

거센 바람이 부는 바닷길을 걸어 월평포구를 지나자 이내 바닷길이 끊겼다. 귤밭과 동네의 마을을 한동안 걸었다. 볕이 따갑다. 멀리 다시 나타난 바다가 출렁인다. 바다 앞에 텐트를 치고 차박을 한 젊은이들이 보였다. 밤새 언덕 아래서 들려오는 바다의 아우성을 들었겠다. 그들은 그곳에서의 자유를 얼만큼이나 산 걸까. 젊은이들이 언제 돌아가는지가 왜 궁금한 건지.

올레 표지를 찾아 마을로 들어섰다. 양쪽 모두 귤밭이다. "몰래 따 먹을까?" 물었지만 남편이 대답하지 않자 모르겠다, 밭에 떨어진 성한 귤을 주워 맛있게 먹는데 귤 농장에서 나오던 부인과 눈이 마주쳤다. 들킨 게 부끄러워 웃음을 참으며 물었다.

"밭에 떨어진 거 먹어도 되지요?"

그녀는 조금 더 가서 농장 입구가 나오면 들어가 전하란다. 주인이 귤을 먹을 만큼 주라 했다고. 그곳에는 우리말이 서툰 외국인 노동자가 열심히 귤을 따고 있었다. 그이는 내가 하는 말을 알아듣지도 못하는 듯했는데, 귤을 건네며 웃었다. 그의 검게 탄 얼굴에 하얀 이가 빛났다. 귤 한 개를 우물거리며 "거 봐, 따 먹어도 되겠는데 뭘" 그분들의 호의가 감사해 더욱 씩씩하게 걸었다.

아저씨 두 분이 도로 한쪽에 트럭을 대고 상자에 담긴 귤을 싣고 있었다. 얻은 귤을 모두 먹은 내가 그들에게 다가가려 하자, 남편이 옷자락을 움켜쥐었다. 그보다 내 말이 빨랐다.

"아저씨, 귤 몇 개만 주셔도 돼요?"

아저씨는 앞쪽을 바라보며 아무 대답이 없고, 연세가 지긋한 분이 트럭 쪽으로 다가오다가 말씀하셨다.

"그건 무게를 맞춰 놓은 거니 안 되고 이리로 와요."

귤밭에 쌓아놓은 무더기에서 자꾸 귤을 집어주셨다. 양손 가득 귤을 받아들고 인사를 하자, 어디서 왔느냐고 물으셨다. 대답을 들은 할아버지는 반색하며 손자가 거기에 살고 있다고 하신다. 그리고는 산더미처럼 내 쪽으로 쌓아놓으셨다.

"아무것도 없이 빈손으로 나와서 많이 주셔도 못 가져가요."

할아버지는 잠깐 기다리라는 말씀을 남긴 채 오던 길로 부지런히 걸어가셨다. 그리고 커다란 봉지를 가져와서는 귤을 담기 시작하셨다.

"이게 다 돈이야. 사 먹으려면 비싸니 무거워도 그냥 들고 가."

멀리 떨어져 살고 있는 손자가 그

리우셨던가 보다. 손으로는 들 수가 없는 봉투를 가슴에 끌어안고, 허리를 굽혀 감사의 인사를 드리고 돌아섰다.

무거운 귤 봉지 때문에 예정했던 길을 다 걷지 못하고, 이천장물 (정류장 이름)에서 버스를 탔다. 생각지도 않은 호의에 대해 감사의 마음뿐만이 아니라 내 아버지가 생각났다. 언제 어느 곳에 있던지 피붙이에게로 향하는 애틋한 그리움들이다. 단지 손자와 한동네에 살고 있다는 것이 위로가 되어, 낯모르는 이에게 아끼지 않고 전하는 정성이 따뜻했다.

모든 부모가 그렇듯, 다른 이를 위해 호의를 베풀거나 섬기는 것은, 자신의 피붙이들이 혹시라도 어려운 일을 당해 힘겨울 때, 지금의 자신과 똑같은 마음을 가진 누군가가 그들에게 힘이 되어줄 것이라는 믿음 때문이다. 그저 세상을 향한 깊고 따뜻한 마음들이 잔잔하게 차올라, 우리 모두 그것을 바탕으로 조화롭게 만들어가는 인연을 귀하게 생각하며 살아가면 좋겠다.

언제 기회가 되면 이 귤 농장에 다시 와, 주인이신 그분께 약주라도 한잔 따라 올릴 수 있으면 한다. 마음만은 진심인 공수표의 약속을 또 날리고 있다.

지미봉에서 혼을 빼다

제주의 오름은 때로는 보잘것없다.

뭐시라! 저게 오름이라고? 느낌표와 물음표가 난무하는 언덕을 아래서 구경하면 때로는 실망을 지나 어이가 없을 때도 있다. 아침 밥 먹고 담배 한 대 태우러 갔다가 오는 시간이면 충분할 거리. 겨우 뒷동산 산책을 시키듯 한 낮은 산언덕.

"오름이 어디 있어?"라고 묻는데 "지금 갔다 왔잖아"라는 대답을 들은 적도 있었다. 하지만 올라가면 사방이 트여 제주 삼동네가 다 보이고, 오름은 높이와는 상관이 없다는 듯이 바다와 거기에 떠 있는 온갖 섬들을 다 품고 있다. 그래서 제주에 있는 오름들은 모두 다 멋지고 아름답다.

오름은 외관상, 뭐 저 정도쯤이야 하루 두세 개는 오르지 싶을 만큼 작은 것이 많다. 수국을 보려 종달리 해안도로를 따라갔다가 우연찮게 멀리서 보이는 푸른 오름을 보고 언젠가 한 번 가 봐야지 했다. 그런데 지미봉이라니 이름이 조금 독특하지 않은가? 남편의 설명으로는 나쁜 말이 아니라 '땅의 꼬리'라고 한다.

분명히 표지석에는 다만 只, 아닐 未라고 쓰여 있는데 사람들은 地尾라 쓰고 땅의 꼬리라고 부르는 듯하다. 새별오름을 비롯해 몇 개의 큰 오름을 힘들게 오른 적이 있어 지미봉은 그저 산책 삼아 갈 만한 높이였다. 160미터라니 그다지 어렵지 않은 길이다. 오름 자체는 아담하지만, 올라가 정상에 서면 한라산도 보이고 성산일출봉이 눈 아래에 있단다. 이 봉우리에서는 해돋이 행사도 한다니 범상치 않다는 생각이 들어 마침 딸아이가 휴가차 내려와 있으니, 함께 올라가면 좋겠다.

버스를 타고 오후 3시경 종달리에 도착했다. 근처에 보이는 편의점 앞에서 부녀가 눈을 맞춘다. 거리 탁자에서 막걸리와 컵라면을 가져다 놓고 술꾼인 부녀가 부어라 마셔라, 오랜만의 상봉이, 가득 찬 한잔 술로 시작되었다. 막걸리에 제격인 신 김치를 안주 삼아 크하~ 둘이서 신이 났다.

오름이 낮으니 아무런 준비도 없이, 오르고 내려오는 길조차 확인하지 않았고, 내려오면 맛있는 집에서 소주 한잔과 푸짐한 식사를 할 기쁨으로 시작이 가벼웠다. 지미봉은 제주 바다를 품고 싶을 때 오르는 봉우리란다. 나도 오늘 바다를 품어 봐야지, 그저 한 바퀴를

잘 돌아 내려오면 되겠네, 라고 시작한 것이 죽음의 장정일 줄은 정말 몰랐다.

오르는 길은 셋이다. 올레 21길과 오름, 오름 둘레길이 있는데, 정면으로 난 길은 둘레길로 이어진다고 하니, 빨리 다녀올 요량으로 정상까지 400여 미터인 오름길을 택해 오르기 시작했다. 지미봉은 가팔랐다. 하지만 이 조그만 봉우리를 올라가며 대체 누가 힘들다고 투정을 부리겠는가. 조금 올라가다가, 그냥 아무 말도 하기 싫었다. 묵언수행 중인 스님처럼 급경사의 나무 계단 길을 말없이 오르고 또 올랐다. 내가 그리도 말이 없는 사람이었던가를 난생처음 깨달은 날이다.

딸아이는 계속해서 엄마의 표정을 살폈고, 다시 돌아보며 아버지를 챙겼다. 힘들다고 이야기하는 것은 호사였다. 서로에게 짐이 될까, 걱정을 끼칠까 봐, 표정을 편안히 하고 몸가짐을 바로 했다. 이미 온몸은 지치고 땀이 비 오듯 쏟아져 체력은 바닥인데, 서로를 위해 말 없는 걸음을 재촉했다. 땀에 젖어 매운 눈으로 자꾸만 올려다보게 되었지만, 정상을 짐작할 수 없었다. 내려오는 몇 사람과 눈이 마주쳤는데, 그중의 한 사람이 내 표정을 살피더니 고개를 끄덕이며 말했다.

"이제 거의 다 왔어요. 조금만 더 올라가면 정상이에요."

하산 길에 있는 사람들 말을 믿어선 안 된다. 그들은 기운 내라는 응원을 그렇게 한다. 그 말이 때로는 고맙지만 '조금만'이라는 말에 의지해 올라가면 내내 그를 향해 욕을 하게 된다. 그러다가 나는 욕의 대상을 바꿨다. 오름이 이름처럼 고약하게 생겼다며, 미친 지미, 나쁜 지미, 못된 지미를 거듭 내뱉으니 조금은 덜 힘든 것 같았다. 사람들은 왕복 한 시간이면 충분하다는데, 이런 고행이 따로 없었다. 오르는 길에 벤치가 있어 잠시 앉아 땀을 들이며 또다시 미친 지미라고 중얼거렸다. 그러다가 아래를 내려다보니 종달 포구가 보인다. 거의 다 올라왔을까. 만일 한 발자국이라도 더 올라가야 한다면, 절망감으로 엎드려 토할 것 같았다.

정상석이 저쪽으로 보이는데, 이젠 미친 지미가 나를 모든 것에 달관한 신선으로 만든다. 내게 있는 혼을 탈탈 털어 간 대신, 다시없을 멋진 풍광을 선사한 것이다. 바다는 지미봉 아래에 머물며, 우도와 일출봉을 내어주었다. 오른쪽으로는 드넓은 평야가 한눈에 들어오는데, 제주의 푸름을 지키는 정령은 마음에 드는 빛깔로 밤새도록 그곳에 칠을 해놓았다.

녹색이라 말하는데, 연두라 말하는데, 채도가 저리도 다르다니. 논밭은 패치워크처럼 갖가지 색으로 꿰매어 덧댄 아름다운 보자기였다. 그들은 올라오며 흘린 땀을 한순간에 보상했다. 사방으로 펼쳐진 바다와 광활한 벌판. 식산봉, 두산봉을 품고 너르게 펼쳐진 바다를 보니 힘들었던 속이 모두 풀렸다. 아이와 남편이 아무 말 없이 주저앉은 것은 산 아래 펼쳐진 아름다운 풍경 때문이었을까, 지친 다리가 풀려버린 탓이었을까.

시간만 허락된다면 거기서 노을을 보고 싶었다. 석양에 물들어 시시각각 변하는 구름의 빛깔들을 보고 싶었다. 석양 즈음이면 해가 먼바다를 건너, 혼자서 쓸쓸히 잠겨 버릴까 봐 눈을 떼지 못한 채 지켜보았다. 그러다가 지루함에 못 이겨 잠깐, 정말 잠깐 동안 한눈을 판 사이, 붉은 덩어리는 바다 뒤편으로 깊숙이 가라앉았다. 언제나 그렇게 아름다움과 허무의 절정과 새로운 희망의 순간을 놓쳤었다.

하지만 서둘러 내려가야겠다. 빗방울이 떨어진다.

반대쪽의 산길로 내려가기로 했는데, 이상하게 그 길은 아까보다 더 험난했다. 참, 오늘은 수월한 일이 하나도 없네. 해진 야자수 매트와 밧줄을 이어놓은 흙 계단이다. 계단은 드문드문 내려앉았고, 허름해서 흙들이 쏟아져 내려올 듯 위험한데 경사 또한 심했다. 가파른 흙바닥 어디에 발을 놓아야 좋을지 더듬거리는데, 야자수로 꼬아 만든 줄은 이미 낡을 대로 낡아 손을 뻗으면 꽂아놓은 통나무

봉이 마구 흔들렸다. 제대로 정비되지 않은 건지 지금 보수를 하고 있는 건지 알 수가 없었지만, 투덜거리며 화를 내기에는 발밑이 너무 불안정했다. 한번 미끄러지면 크게 다칠 것이라 여겨져, 한 걸음씩 긴장하며 조심스럽게 발을 디뎠다.

'노부부, 지미봉 오름길에서 순직(?)하다'라며 내일 아침 제주 신문에 실리는 건 정말 못 견딜 것 같다. 엉덩이나 허리를 다칠까 봐, 발목을 다칠까 봐 애를 쓰는 내가 싫었다. 그래서 다시 또 미친 지미, 나빠 쳐먹은 지미, 거지 같은 지미라며 그 길이 다 끝날 때까지 욕을 했다. 올라가는 길과 마찬가지로 내려오는 길 역시 좋은 소리를 못 듣는 바보 지미다. 드디어 발이 평평한 땅에 닿았다. 이제야말로 지미로부터의 해방이다.

봉우리가 작다고 쉬이 생각한 것이 실수였다. 오름이 작은 대신 경사가 심해 내 생각으로는 거의 50도가 넘는 오르막길이었다. 시작하기 전에 올라가는 길과 내려오는 길을 점검해 결정해야 했다. 무슨 일의 시작이든 철저하게 준비하고 시작해야 함을 깨달은 이번 길은, 그런 의미에서 뜻깊다.

힘이 다 빠진 다리를 아무렇게나 부리게 되니, 비틀비틀하며 아이가 예약해 두었다는 심야식당으로 향했다. 달고기라고 불리는데, 그날 아침에 잡은 아주 큰 물고기로 싱싱한 요리를 해주는 집이다. 시장했고 커다란 생선요리가 불빛 속에서 화려했으나 아무 맛도 느낄 수 없는, 맛있는 음식이었다. 모두들 지쳐 그저 술만 몇 잔씩 들이켰을 뿐이었다. 오랜만에 모인 저녁 자리는 그렇게 끝이 났다.

그 연유로 밖에 나갔다가 멀리서 지미봉이 보이면 "어, 지미다"라고 외친다. 나쁜 일이 생기거나 힘든 일이 생길 때에도, 에이, 이런 지미! 하고 나면 속이 풀렸다. 남편은 그 소리가 다른 이에게 들릴까 봐 전전긍긍하는데, 그 모습이 통쾌해, 큰소리로 한 번 더 부르게 되는 지미봉이다.

지금은 흙을 다져 튼실한 계단을 만들고 난간을 대신한 줄과 통나무 봉을 든든하게 박아 정비를 끝냈을까. 그 길을 걱정하는 것은, 나 다음으로 오는 다른 이들을 염려하는 마음에서다.

하여튼, 지미봉 고맙다.

강정마을에서 만난
애국녀

평소에 생각을 하지 않아서 그렇지, 각자의 자리에서 열심히 살고 있는 것도 애국이다.

나의 삶이 나라를 위해 큰일을 하는 거라고는 누구도 생각하지 않겠지만, 주부들이 집에서 할 수 있는 일들이 있다. 틀어놓고 쓰던 물을 잠그고, 쓰지 않는 콘센트를 뽑고, 비닐봉지를 덜 쓰려 노력하고, 음식물을 함부로 버리지 않으며, 생활쓰레기를 줄이려는 마음이 바로 그것이다.

이 글을 쓰다가 쿡! 손으로 입을 가렸다. 내 나라를 위해 겨우 이것밖에 할 수 없다니, 부끄럽지. 나 하나 이런다고 우리 사회에 얼마나 도움이 될까, 부질없다고 머리를 흔든 적도 있지만, 이런 동요도 있잖은가.

'시냇물이 모여 강물이 되고, 그 강물이 흘러 큰 강물이 되니 결국 은 바다가 된다.'

12시 40분, 버스를 타고 강정마을로 출발했다. 올레 7코스로 연결 되는 해안도로다.

강정마을, 이상하게 귀에 익숙한 지명이다. 내가 이 먼 곳을 어떻 게 알고 있는 거지? 아, 뉴스나 신문에 자주 오르내려 유명해진 곳 이었다. 강정 해군기지다. 해군기지를 건설한다는 발표가 있자, 강 정마을 사람들과 아주 오랜 대립의 시간이 있었다. 아름다운 경관 으로 이름이 난 곳이니, 올레꾼들까지 마음을 모아 반대 의사를 전 하며 이 마을의 주민들에게 힘을 보탰다고 한다.

당시 기지의 건설로 용암 너럭바위인 구럼비를 발파해야 한다고 했고, 그 용암 바위의 보존 가치를 둘러싸고 오랜 시간 갈등이 있었 는데, 내가 지금 기억하는 것은 구럼비를 지키고 다만 파도소리와 바람소리를 지키는 것이 좋겠다는 뜻에 동의하는 일이었다. 지금은 서로의 화합과 양보로 날 선 마음들이 치유되었기를 바란다. 내가 찾아갔던 그때에도 색이 바랜 현수막이 펄럭이고, 구럼비를 부르는 나무 패널들이 드문드문 눈에 띄었었다.

강정포구 바닷가에 음식에 대한 평가가 5점이나 되는 음식점이 있다. 그 집은 강정마을에서 태어나고 자란 삼 남매가 하는 음식점이었는데, 큰오빠는 새벽으로 바다에 나가 물고기를 잡고, 누이는 음식을 만들고, 막내는 서빙도 하고 음식점의 자질구레한 모든 일을 도맡아 하며 서로 도와 손님을 맞이한다. 그날 새벽에 잡은 물고기로만 조리한다고 하니 싱싱한 것은 당연하다.

10월 중순이었는데도 볕이 등가죽을 벗길 만큼 따가웠다. 오늘 같은 날은 차를 가져가지 않으면 버스에서 내려 걷는 길이 괴롭다. 얼굴이 붉게 익고 땀을 뻘뻘 흘리며 걷다가 '내가 그 속을 모를 줄 알고…?' 남편은 차를 가져올 수가 없었다. 그 집은 남편이 좋아하는 병어조림이나 쥐치조림을 잘한다고 소문이 나서, 그것을 안주 삼아 거나하게 드셔볼 요량이다. 저만 좋으려는 속셈에 은근히 심통이 났다.

남편은 차를 가지고 다니면 불편해할 때가 있다. 좋은 경치를 앞두고 술 한잔을 편안하게 마실 수 없으니, 어느 날에는 일부러 버스를 타기도 한다. 처음부터 걷기를 작정하고 나서는 길은 아무리 뜨거워도, 바람이 드세도 그리고 비가 와도 즐거운데, 왜 남편의 행복한 얼굴에는 심술이 나는 걸까. 남편이 내 선생도 아니고, 내가 그

밑에서 매일 꾸중을 듣는 사춘기 학생도 아닌데 말이다. 참말로 나 같은 불량주부는 구석지로 끌려가 눈물 콧물 나도록 혼쭐나야 정신을 차릴 모양이다.

남편은 술을 두 가지나 주문해 놓고, 벌써부터 부처님처럼 얼굴이 훤하다. 주인은 오늘 쥐치가 싱싱하고 좋다며 쥐치조림을 권했고, 베트남에서 유학을 왔다는 학생이 밑반찬을 가져다 놓았다. 깨끗하고 맛있었다. 서비스라며 아침에 잡았다는 백조기와 어린 참돔을 튀겨 주었다. 조림도 맛있었다. 남편은 술을 마실 때면 밥을 먹지 않는다. 내가 밥을 다 먹도록 한술도 뜨지 않았는데, 술 먹을 배가 모자랄까 봐 그런단다. 참으로 얼척 없는 분이시다.

이런저런 이야기로 식사를 거의 마쳐 갈 즈음 식당의 누이동생이 흥분한 어투가 되어 말했다.

"그러면 안 되지."

가만히 들어보았는데 이분도 엄청난 애국자였다. 대를 이어 아름답고 조용한 강정마을에서 살아왔다니 이래저래 분이 많은 모양이었다. 제주의 땅을 팔기는 했으나, 우리나라 사람들끼리 사고판 것은 이해하겠지만, 제주의 반을 중국인들에게 팔아먹으니 이게 될 말이냐고, 그러다가 제주가 그이들 손에 다 넘어가고 말겠다고. 그러면 이 땅은 중국 땅이 되는 거지, 하면서 화가 나 도지사며 위정자들에 대해 불신이 이만저만 큰 게 아니었다. 그녀의 이야기를 듣다가 속으로, 자기들도 돈 벌 욕심으로 팔아놓고는⋯ 구시렁거렸다.

가만히 듣고 있던 남편이 말했다.

"앞으로는 팔면 안 되지요. 제주를 잘 관리하고 더 아름답게 가꾸어서 후대에 물려줄 수 있어야 합니다. 그런데 잘못 알고 계신 게 있어요. 중국인들이 마구잡이로 사들여서 난개발을 하고 관리를 못해서 방치된 땅이 많으니 자주 눈에 띄어, 외관상 반발이 생기기도 합디다. 다행히 제주의 0.5프로만 그들이 소유하고 있어요. 이제 더 이상 그들에게 넘기지 않으면 됩니다."

"아니, 여기 인터넷에 다 나왔어요. 반이나 팔렸다고."

휴대폰을 꺼내 들더니 확인을 해보란다. 남편이 다시 이야기를 꺼냈다. 그것은 제주 전체의 땅이 아니라 중산간 근처의 땅일 거라고. 눈에 불을 켠 애국녀가 눈을 똑바로 뜨고 휴대폰 속으로 들어갈 것처럼 확인을 했다.

"아, 아 정말 그러네요. 저는 잠깐 본다는 것이 그만 반을 팔았다는 것만 읽고는…."

"네, 아주 감사한 일입니다. 제주가 고향이시라니, 지금처럼 애정을 갖고 잘 지켜나가십시오."

거센 바람이 불어오는, 새파랗게 눈이 시린 바닷길을 걸어 집으로 돌아온다.

술도 거나해졌겠다, 조림은 맛있었고 여기에 나와 같은 아지매가 또 있었네. 나라를 위해 목소리를 높이고 무엇이 옳고 그른지를 한 번 더 생각하며 사는, 시냇물 같은 애국자 하나 추가요.

가파도에서 보낸
두 시간

10시 20분 모슬포항으로 출발했다. 거기서 가파도까지 배를 타고 들어가기로 한다. 배를 타는 시간은 겨우 15분 정도? 배표를 끊고 순서를 기다렸다. 거의 관광객들이지만, 그 사람들을 구경하는 재미도 쏠쏠하다. 아무 생각 없이 그들을 지켜보면 된다.

아이들은 이리 뛰고 저리 뛰고, 그저 입에다 무언가를 물려놓으면 해맑쑥 웃으며 즐거워하고, 어른들은 밖에 나와 무슨 먹을 것들을 저리 챙기는지, 집에서 배들을 곯았나, 염려될 정도로 시끄럽게 라면이며 국수며 과일과 음료수를 먹어댔다. 아니, 그런데 라면을 먹는 일이 저리도 시끄러울 일인가.

내가 집에서 편안하게 남편을 향해 떠드는 것보다 더 시끄럽다. 목소리가 큰 이들을 비유할 때 쓰는 말이 갑자기 생각난다. 아니다.

그건 내 아버지가 우리 어릴 때 시끄럽게 굴면 하던 말씀이다.

"아니, 이것들이 기차 화통을 삶아 먹었나?"

12시 10분쯤 도착했다. 가파도. 그 앞바다 위에 송악산과 산방산이 떠 있다. 그 산들을 그리도 힘겹게 땀 흘려 오르내렸는데, 여기서 보니 한눈에 다 보이는 것이 괘씸했다. 가파도는 제주에서 네 번째로 큰 섬이라고 한다. 휙휙 달려가는 자전거가 있어 옆으로 피하다가, 겨우 두 시간이면 구석구석 섬의 전체를 둘러볼 수 있는데, 그 기쁨을 마다하고 자전거를 타는가. 무슨 마음일까. 그 섬에 불어오는 바람을 미리 다 맞아 보려는 생각이 아니라면, 천천히 걸어 섬을 돌아볼 일이다.

4월이라면 청보리가 바람에 일렁이는 멋진 그림을 볼 수 있었을 텐데, 아직은 어린 보리밭, 조그만 싹들. 거기서 연둣빛의 여린 바람이 불어올 것 같다. 내년 4월이 오면, 모두 자라 푸른 보리밭 둑을 걸어 다닐 수 있겠다. 청량한 초록의 바람을 헤치며.

어제까지도 바람이 심해 해녀들이 물질을 할 수 없었는지, 20여

개가 넘는 테왁이 떠 있고, 자맥질하는 해녀들의 물갈퀴가 가장 마지막에 사라진다. 간간이 휘파람 같은 숨비소리들, 돌고래의 노랫소리와도 흡사하다.

저들은 오늘 바다 속에서 딴 전복과 소라, 멍게와 해삼을 비싼 값으로 팔 수 있을 것이다. 채취한 그것들은 각각 음식점으로 나뉘어 들어가고, 그에 대한 값을 손님들이 치른 음식값에서 받아 간다고 했다. 해녀조합은 그들의 복지와 생활을 책임진다.

은퇴한 해녀들은 시간을 보내느라 더러 논밭 일을 하고도 싶지만, "죽을 거 같다"라고 했다. 늙으니 온몸에 통증이 있고, 그런 통증은 물속에 들어가면 이상하게 씻은 듯 낫는단다.

바다 곁에 간혹 해산물과 술을 파는 가게가 보인다. 이런 상점들은 은퇴한 해녀 할머니들의 생활 수단이 되기도 해, 하루 수입을 계산하고 저녁에는 조합에 돈을 지불하게 되어 있다고 한다. 부디 여생이 편안하셨으면 좋겠다.

여기저기에 관광객을 위한 예쁜 점포들이 늘어 서 있고 섬을 한

바퀴 도는 동안, 내내 기념품들을 파는 작은 상점들이 손님을 부른다. 젊은이들은 온갖 곳을 들락거리며 즐겁고 행복하다.

나도 저런 아기자기하고 예쁜 것들을 갖고 싶었으면 좋겠다. 마음에 드는 것을 살 때마다 저들처럼 기쁜 얼굴로 마주 보며 웃을 수 있으면 좋겠다. 왜 이제는 무엇에도 관심이 없는가. 나이 들어간다는 것이 서글퍼지는 순간이다.

햇살, 바람, 단풍이 든 마른 잡초들까지, 고맙고 아름다운 섬. 제주는 어디서든 지는 해를 볼 수 있다. 산 뒤로 넘어가는 해가 주변을 여러 가지 붉은색으로 물들여 가고, 하늘은 회색 구름부터 채도가 끝도 없이 나뉘는 순차적인 붉음으로 번져간다.

그 아래 배낭을 메고 혼자서 걷는 용감한 중년여성을 보았다. 제주 곳곳을 누비는가 보다. 그런 이들은 첫 새벽부터 당당하게 길을 나선다. 그러지 않으면 안 될 절박한 무엇인가가 그녀를 괴롭히는가. 아니면 나머지 삶의 행복을 위해 자신을 담금질하는 수단일까. 또는 슬픔을 잊어야 해서, 그도 아니라면 더 나은 삶의 시작을 위해 나선 길인가? 어쩌면 자신을 북돋우려는 간절함이 무언가를 향해, 무언가를 피해 나선 길일 수도 있다.

나는 참을 수 없게 단순하지만, 오지랖은 어찌 그리 넓은지, 수만 가지를 다 참견하고 예단하고 결정한다. 그녀가 차라리 나같이 단순한 사람이어서 그저 매일을 즐거워하며, 아름다운 거리를 걷고 또 걷는 편안한 사람이길 바란다. 홀로 걷는 그대를, 제주의 노을보다 더 아름다운 사람이라 부르고 싶다.

육지 사람들은 청보리밭이 일렁이는 이 섬을 꿈꾸고 살지만, 나는 호기롭게 이 섬을 떠나겠다. 다시 제주로 향하는 배 위. 이제는 챙겨 온 수영복을 들고 산방산 근처 탄산온천으로 갈 것이다. 새까매진 나의 발목이 온천을 하고 나서 백옥같이 하얘졌으면 좋겠다.

고망난 돌, 섯가름,
배튼개, 왕대왓, 서년듸…

　지금 우리가 사는 곳은 중문단지다. 위미보다는 번화하여 음식점들도 화려한 곳이 많고, 카페도 그럴듯하다. 모든 호텔이 이 동네에 다 모여 있는 것 같다. 덕분에 이제 좀 도시 것들다워졌다.

　아침을 대충 먹고 11시에 출발했는데, 걷고 또 걸어서 약천사까지 갈 것이다. 큰 도로가 아닌 주택가를 걸으면 귤밭도 보이고, 사람들이 사는 집도 보이고, 낯선 발걸음에 동네 개들이 컹컹 짖어대며 심심한데 너 잘 만났다고 난리를 친다.

　11시 반에 약천사 입구에 도착했다. 절 옆으로 큰 유스호스텔도 있었는데, 근처에는 식사를 할 만한 곳이 하나도 없다니. 장기간 시달린 코비드의 영향이겠다. 나는 대충 견딜 만했지만, 남편은 배고플 때 먹지 못하면 왼 종일 죽도록 일하고 새경 못 받은 머슴처럼 날뛴다. 아마 뱃속의 기관이 나 같은 도회의 여인과는 엄청 다르게 생겼나 보다.

큰 도로변에 음식점이 보이질 않아 남편이 큰 황소처럼 날뛰면 어쩌나 걱정하며 걷는데, 길 안쪽으로 카페가 하나 있었다. 다행히 거기서 요기가 될 만한 간단한 음식을 팔았다. 해물라면과 컵 볶음밥을 하나씩 주문하고 주변을 둘러보니, 한구석에 트럼펫과 일렉트릭 기타가 세워져 있었다. 서울에서 내려왔다는 주인장은 서글서글해 보였지만 너무 잘 생겨서 사연이 많은 듯 보이니, 오래 이야기해 보고 싶은 사람이었다. 나의 주특기인 취재(?)를 시작해 볼까 했는데, 남편이 고개를 젓는다.

컵 볶음밥이 새롭다. 라면을 자작하게 끓여서 거기에 밥을 볶은 듯 보였는데, 먹을 만하다. 조리법을 궁금해했더니 영업 비법이자 조리비법인 줄도 모르는지 자세하게 설명해 주었지만, 귀찮아서 얼른 잊어버리기로 했다.

청귤 에이드와 캐모마일을 마시고 약천사로 향한다. 약천사에서 올레길 8코스가 시작되는데, 길이 정말 좋다. 절의 앞마당에서 보이는 서귀포 바다의 풍경 역시 아름답다. 동양 최대의 사찰이라선지 단층의 화려함 역시 그답다. 절을 구석구석 둘러보고 올레길을 걸으면 좋을 것 같다. 절에는 부처님이 계시니 이렇게 은은하고 기품 있는 향내가 나는 건가. 걸음을 멈추어 서는 곳마다 귤꽃이 향기로웠다.

한참 경내를 걷다가 보니 조그만 별같이 생긴 주황색 꽃이 하나 가득 피어있는 나무들이 보인다. 꽃은 꼭 은목서를 닮았는데…. 코를 대고야 알았다. 아, 이게 바로 금목서로구나. 세상에 없을 향기. 그를 보게 된 것이 처음이어서 정말 기뻤다. 은목서는 가끔 우리가 자주 볼 수 있는데, 흰 별처럼 생긴 작은 꽃이 아름답기도 하거니와 향기까지 도도해, 요즘은 아파트 안의 정원수로도 심은 걸 볼 수 있다. 금목서는 예전에 임금이 사는 궁궐이나 큰 절에만 심는다고 했다. 가끔 금목서를 궁금해했더니, 부처님께선 마음이 여러 갈래로 흐트러지는 중생을 위해 또 이렇게 귀한 가르침을 내려주신다.

약천사 뒤로 난 올레길을 걸어 버스정류장을 지나쳤다. 이곳에서 집으로 가는 버스 520번을 기다리는 정류장의 이름은 새마을 소공원이다. 차로는 십여 분이면 가는 거리를 두 시간씩이나 걸어야 하니 좀 힘들긴 하지만, 그 대신에 가질 수 있는 여러 가지 행복들이 고됨을 다독인다.

골목 끝에서 바라보니 끝없는 은빛이다. 바다가 기우는 해를 받아 푸름을 버렸다. 인적이 없으면 손이 닿는 귤밭에서 몰래 따 먹는 노란 과일. 왜 산 것보다 훔친 것이 더 맛있는 걸까.

천천히 걷다가 감나무를 만났다. 붉은 감은 내 키가 닿지 않는 높은 곳에 달려있어 그냥 지나쳐야 했는데, 농익은 붉은 감 몇 개가 바닥에 떨어져 있었다. 온전해 보이는 감을 주웠으나, 한쪽은 새가 쪼아 먹은 듯했다. 앞자락에 쓱 문질러 한입 베어 물었더니, 달기도 했

지만 잠시 후에는 떫은맛이 입 안에
하나 가득하다. 입안에 퍼진 떫은맛
을 수건으로 닦아내고 싶었다.

"니가 맨날 그런 걸 주워 먹고 다니
더라."

남편의 표정에 기쁨과 고소함이 넘
쳐흘렀다.

제주는 지금 온통 푸름과 노랑과
흰색과 초록이다. 먼 길을 걸으면 검
은 돌담들이 말을 건넸다. 돌담 위에
올려놓은 고동이며 소라껍질 들이 올
레를 걷는 이들에게 인사를 하는 것
이다. 무슨 말을 하고 싶은 거야, 귀에
대보면 뱃고동 소린가? 정말 부드러
운 파도소리가 들려왔다.

내가 기다리는 버스정류장의 이름
이 배튼개다. 헌데, 뭘 뱉었다는 거여.
다리가 아파 사람 하나 없는 정류장
에서 집으로 가는 차를 기다렸다. 혹
시 정류장이 폐쇄된 건 아닐까. 한 소
녀가 그곳에 와서 잠시 섰다가 다가

온 승용차를 타고 떠났다.

정류장 나무 벤치 뒤로 자지러질 듯 피어난, 가지각색의 패랭이며 금잔화가 바닷바람에 흔들리며 건방지게 요염했다. 칡넝쿨은 온갖 곳을 휘감고 다니다가 큰 나무의 키를 덮었고, 목책까지 내려와 너울대며 감겼다. 시퍼렇게 무성한 생명력은 조금 무섭다는 생각이 들었다. 그 뒤로 잔잔해 보이는 푸른 바다 앞으로 말들이 멋진 풍경을 즐기듯 건강한 다리로 목장의 안뜰을 걷는다. 튼튼한 근육과 그보다 더 아름다운 갈기가 멋지게 휘날렸다.

저녁을 먹고 집으로 돌아와 잠자리에 들었는데, 갑자기 정류장들의 이름이 생각나 벌떡 일어나, 웃어대기 시작했다. 고망난 돌, 섯가름, 배튼개, 왕대왓, 서년듸, 뒷동산, 공물, 주거물, 수모루, 남성마을, 맹살공원, 뒤통모루, 그보다 더 이상한 이름들이 있었지만 기억할 수 없다. 아마도 정류장마다 뜻이 있을 것이다. 제주 방언사전이 있다는데, 그것도 한 권 사보면 좋겠다.

그보다 내가 제일 가 보고 싶은 동네는 남성마을이다. 왠지 그곳에는 남성들만 살지, 싶어서다. 이제는 지루해진 남편과 헤어져, 거기에 가 살면 월매나 좋을까. 생각만으로 벙싯거리며 웃음이 나왔다. 속도 모르는 남편이, 자다가 이 사람이 또 왜 이러나 눈에 꾸지람이 한가득이다.

영주산 아래에서
수없이 절하다

금방 한 주가 갔다. 걷느라, 걷느라 흙먼지 묻은 운동화를 빨았다. 해가 잘 드는 곳에 깨끗해진 운동화를 널고 말개진 마음으로 영주산으로 간다.

영주산은 제주의 동쪽 표선에 있는 오름이다. 산행에 40여 분이 걸린다니 우리는 천천히 다니면서 넉넉하게 세 시간을 잡으면 된다. 소들이 가끔씩 풀을 뜯고 있다. 나는 그 옆을 지나가며 조그맣게 "무서워"라고 중얼거렸는데, 남편이 말했다.

"자네가 더 무섭네."

정말 그랬는지 착한 눈을 한 소가 슬쩍 나를 피해갔다.

완만한 언덕을 오르는 푸른 길에는 우리나라의 들꽃들이 점점이 피어나, 산을 오르는 재미가 쏠쏠하다. 언덕이 끝나는 곳에서부터

계단이 시작되는데, 아래에서 보면 하늘 끝까지 연결이 되어 있는 것처럼 보여 '천국의 계단'이라고 부른단다. 이 계단을 오르는 길에는 여름이면 산수국이 아름답다. 지금은 4월이니 수국을 볼 기회는 없다.

나는 천국도 싫고 계단도 싫다. 이런 길이 나오면 산의 정령이 나타나 나를 번쩍 들어 정상에 올려놓아 주면 좋겠다. 그래도 다행인 것은, 정비가 잘 되어있어 오르는 길이 불편하진 않다. 사방이 모두 보이는 정상에서는 성산일출봉도 보이고 우도도 희미하게 보인다.

수많은 오름, 들판, 한라산, 그 자리에서 한 바퀴를 돌면 아름다운 것들이 모두 거기에 있다. 사람들은 영주산에서의 풍경을 보며 감동적이라고 얘기한다. 나도 이 산에게 "네가 좋다"고 조그만 소리로 고백했다. 편안하기도 하고 어디엘 가든 정상에 서면 내가 너무 보잘것없이 보여 겸손해져 좋았다.

차를 가지고 왔으니 하는 수 없이 주차장까지 가야 하는 길을 선택해, 내려오는 길이 고행이었다. 울퉁불퉁한 흙길에 나무를 놓아 가지런할 수 없는 계단들. 힘들다는 얘기는 할 수 없었다. 괜찮다고, 아무렇지도 않다며 서로를 위로했지만, 우리는 둘 다 알았다. 이런 길들이 편안하기에는 우리가 너무 나이 들었다는 것을. 그 대신에 나를 위로한 것들은 구슬봉이, 보라제비, 양지꽃, 민들레꽃이었다. 그리고 간간이 뒤를 돌아보며 별일 없나, 확인하는 남편의 눈길이었다.

드디어 3시 20분에 하산! 다리가 몹시 아팠지만, 거기에 또 다른 기쁨들이 도처에서 얼굴을 내밀었다.

남편에게 힘들다고 징징대지 않아 다행이다. 그랬다면 고사리는 커녕 산을 내려 온 즉시 집으로 끌려 왔을 테니. 줄기가 검고 큰 고사리들이 눈에 띄어 수도 없이 땅에 인사하고, 그 하늘 아래 겸손하게 엎드렸다. 남편이 나의 다소곳한 모습에 반했는지, 진심을 다해 말했다.

"여기서 살게."

남편은 우산대만 한 고사리를 찾고, 나는 땅에 거의 붙은 상태로 새롭게 얼굴을 내민 어리고 연한 고사리를 꺾었다. 고사리 전용 가방이 묵직해졌다. 웬일이니!

집에 돌아오니 양지쪽에 세워둔 운동화가 모두 말라 있었다. 뽀송

뽀송한 햇살이 하얀 운동화 속으로 그득했다. 남편은 운동화에 끈을 끼우고 나는 주방으로 들어와 덜그럭거리며 고사리 삶을 준비를 했다. 고사리를 흙먼지가 털릴 만큼 한두 번 씻어 놓고, 소금을 한 술 넣어 물이 끓으면 거기에 고사리를 데친다. 줄기가 부드럽게 꺾일 정도만 끓이면 되는데, 다 되었다 싶으면 얼른 건져내 찬물에 담가 헹궈 물을 빼고 해에 널어두면 된다.

고사리를 파는 사람들은 오래 보관해야 하니 수분이 하나도 없이 말리지만, 집에서 먹으려는 것은 중간쯤만 말린다. 그러면 필요할 때 서너 시간이면 모두 불어 쉬이 음식을 할 수 있다. 나는 이제 고사리 전문가가 다 되었다.

고사리를 돗자리에 넣고 나자 쥔장네, 또 한판 붙었다. 원흉은 역시나 우리 모든 부모의 평생 부담일 자식들이다. 잘 살아내도록 도

움을 주려던 것이, 거기에 맛을 들인 아이들은 거저먹겠다고 저희 부모에게 수시로 손을 내밀어 괴롭히는 일이 되고 만다. 우리만 제대로 살면 될 일이 아니었다. 우리의 지나간 삶이 아무리 멋지다 해도 쓸모없다. 내 아이들이 잘되어 바로 서야, 비로소 우리의 노후가 편안해질 것이다.

영주산 길이 힘들었는지 고사리를 삶느라 지쳤는지, 밖에 나가 저녁을 사 먹을 의욕도 사라졌다. 물만두와 컵라면을 안주 삼아, 막걸리와 맥주로 가난한 식사를 대신했다. 그리고 혼자 다짐했다. 내일은 싱싱한 회를 아주 많이 먹겠다.

제주에서 문화인
코스프레

아침에 파크골프장에 다녀왔다. 18홀을 두 번 돌았다. 아, 이건 골프와는 다른 운동이다. 이제는 많은 사람이 알겠지만, 나이 들어 골프가 힘에 겨워졌거나 운동이 힘에 겨운 어르신들이 놀이 삼아 조그만 홀을 돌며 공을 넣는 놀이이다.

그런데 여인들의 옷차림이 예사롭지 않다. 청바지도 입고 반바지도 입고 즐겁게 놀다가 정신을 차려보니 그녀들은 장갑에 모자부터 신발까지 명품으로 갖추고 모였다. 동호회도 있고 지역대항전이 있어 그들은 파크골프에 진심이다. 아무리 그녀들이 멋지게 무리 지어 다녀도 나는 그저 등산 모자에 반바지 차림으로 채를 휘두른다. 아내의 옷값으로 돈을 치르고 싶지 않은 남편이 말했다.

"저 여인들이 아무리 폼을 잡아도 자네처럼 멋지지 않네."

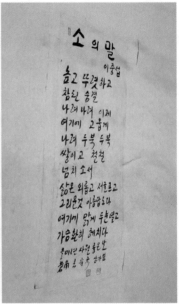

집에 돌아와 한잠을 자고 제주 아트센터로 향했다. '세자르 프랑크 20주년 기념 연주회'가 있어서다. 제주 교향악단이 연주하는 세자르는 비올라 독주가 아름답고, 더블 베이스가 편안했다. 김홍식이라는 이름의 악단장이 자신만의 해석으로 세자르를 지휘했는데, 눈 귀 모두 호강하는 시간을 가졌다. 오랜만에 듣는 현악 사중주의 선율이 행복했다.

'흠! 이렇게 말하면 내가 엄청나게 도회적이거나, 지적인 수준이 높아 클래식에 취미를 가진 잘난 여인처럼 보이겠지?'

제주에 올 때마다 오름으로 둘레길로, 현무암 돌담이 정겨운 온 동네 골목들을, 길들을 찾아 나섰다. 게을러서 선크림조차 바르지 못한 얼굴과 손과 발목이 새까맣게 타, 새벽부터 땡볕에 엎드려 모내기를 하고 돌아온 형상이다. 그러다가 우연히 제주에도 예술의 전당이 있다는 것을 알게 되었다. 그래서 프로그램을 찾아보고는 가끔씩 좋은 공연에 함께해, 갖게 된 즐거운 시간들이 있었다.

혹자는 "뭐 그리 수준 있는 음악회나 전시작품들은 아니구먼"이라고 이야기할 수도 있겠다. 그러나 온종일 산으로 들로, 바닷길을 찾아 걷고 또 걷다가, 그중 하루는 조용하게 차분한 시간을 보내는 날이 있음도 나쁘지 않다. 거기다가 여긴 푸르디푸른 제주 섬이지 않은가.

서귀포 관악단의 '협주곡의 밤'이라든가 여성문화센터에서 하는 창작연극도 볼 기회가 있고 예술의 전당 소극장에서 하는 콘서트도 있었다. 음악을 듣거나 연극을 보러 오는 사람들은 제주 현지인이기도 하고, 더러는 관광객도 있다. 그들은 멋지게 성장을 하고 꽃다발을 들고, 얼굴은 뿌듯한 자부심으로 빛났다. 그곳에 와 있는 시간만큼은 정성껏 차려입어 호사를 누리는 시간이 되기도 했을 것이다. 가끔씩 여인들에게는 그런 위로의 시간이 필요하다. 나는 그것을 정신과 마음을 살찌우는 일이라는 생각을 하니, 스스로에게도 좋은 일이다. 어떤 지적인 이가 그렇게 하루가 멀다고 음악회와 미술관을 가겠는가.

거리 예술제나 합창단의 정기연주회, 제주 아트센터에서 보았던 제주 해녀 평화음악회, '빛이 머무는 곳'이라는 기획전시도 볼 수 있었고, 제주 화가의 그림 전시도 볼만했다. 이런 공연들은 대부분 저녁 시간에 있어 오전에는 둘레길을 걷고 나서 참석해도 문제가 없다. 때로는 비 오는 날 미술관엘 가기도 하고, 노란 영춘화가 피어있는 이중섭 거리를 걸어 그가 살았다는 집을 구경하기도 했다. 거기서 조그만 구석방 하나를 얻어서 살았더란다. 헤어져 있어서 더 안타깝고 그리웠을 사랑을 더듬거리며 상상도 해보고, 화랑에 가서 은지화도 보았다. 그런 날들도 멋진 풍경 속에 서 있었던 것처럼 가슴이 그득 차올랐다.

우리 일정은 보통 네다섯 시면 끝이 났는데, 집에서 뒹굴거리며 시간을 보내는 것보다 미리 프로그램을 정해놓고 이른 저녁을 먹고 참석하면 좋은 저녁 시간을 보낼 수 있다. 누군가에게는, 예정된 시간이 짧아 유명 관광지를 둘러보기에도 터무니없이 짧은 시간에 뭐 그런 어울리지도 않는 호사를 이 먼 섬에까지 와서 할 것이냐, 라는 이야기를 들을 수도 있겠다.

생각해보니 내 권유가 터무니없다. 그렇다면 시간을 좀 넉넉하게 갖고 온 이들에게 권한다. 온 마음을 풀어놓고 주변 풍경에 넋이 나가 이 골, 저 골을 다 다녀보셨다면, 이런 차분한 시간은 어떠실까요? 하고. 오늘만큼은 온갖 오름과 둘레길에서 바람과 햇볕을 겁내지 않고 누비던 새까만 발을 한 문화인이다.

우리는 천천히
늙어갈 것이다

대정읍의 노을 해안로.

노을이 멋진 바닷가. 해안로를 걸으면 석양이 계속 내 뒤를 따라온다. 노을을 보면 예전에는 눈물이 나왔다. 지금은 맛있는 저녁밥, 뭐 먹지? 라는 생각이 든다. 그저 바다를 보자고 걸어가다가 가끔은 아무 말 없이, 눈앞에서 만나는 나무 벤치에 가만히 앉아 있을 때가 있었다.

하루 종일 가만히 앉아 있는 일은 남편이 잘하는 일이다. 그럴 때는 멀찍이 떨어져 심심함을 참으며 혼자서 빙글빙글 돈다. 노을을 향해 앉은 그의 등은 아직도 내가 의지할 수 있을 만큼 넓다. 가끔 저 어깨 위에 가족을 짊어진 무게가 힘들어 휘청거리기도 했을까. 부담스러워 차라리 혼자였으면 좋았을 걸, 후회한 적도 있었을까.

가난했던 어린 유학생 시절을 떠올리니 그가 홀로 참 많은 외로움의 시간들을 견뎌냈겠다는 생각이 들었다.

노을이 그에게 내려앉아 주황으로 물들어가는 그의 흰 머리카락이 아름다웠다. 노을은, 하루를 마감해도 되겠니? 내일을 맞을 준비는 다 되었지? 말을 건넨다.

은행에 들어갔다. 돈을 찾고, 돈도 맡기고 공과금도 내고, 그 외 여러 가지 볼 일들이 많다. 요즘에는 모두 온라인으로 처리하다 보니 직접 은행을 찾는 일은 드물지만, 하여튼 기본업무는 그랬다. 갑자기 생각이 났는데, 서울의 어느 은행 앞에는 이런 문구가 적혀 있기도 했다. '어르신들 쉼터' 그 아래에는 '들어오셔서 더위를 피하고 가세요'라는 문구가 있었다. 감격에 겨워 생각했다.

나에게 있는 돈을 모두 찾아서(별로 없음), 이 은행에 예치해야겠다. 자세히 살피니 바로 내가 예금을 하고 있는 은행이었다. 은행을 옮기지 않아도 되겠군. 은행에서 우리의 돈을 잘 관리하다가 거기서 생기는 조그마한 소득이라도 생긴다면, 쉼터에 들어오는 어르신들께 시원한 차 한 잔도 같이 대접해 드렸으면 좋겠다.

순서를 기다리느라 자리에 앉았는데, 먼저 오신 할머니 한 분이 출금을 하려는 모양이다. 가제 수건에 싼 통장을 꺼내 들고 행원에게 다가간 할머니는 뭔가를 이야기하셨다. 손수건에 꽁꽁 싸인 걸로 보아 아마 통장을 자주 사용하지 않으시는 듯 보인다. 그동안에는 자식들과 손자가 할머니를 편안하게 해 드리느라, 생활비를 따

로 드리거나 용돈을 드려 통장을 사용하실 일이 없었는지도 모른
다. 그렇다면 왜 갑자기 현금이 필요하신 걸까. '보이스피싱…? 틀
림없어.' 또 망측한 상상력의 발동이다. 이제부터 할머니를 자세히
살펴봐야겠다. 황혼의 저 할머니는 내가 지킨다! 가슴이 벌떡벌떡
뛰었다. 한동안 이야기를 나누시더니 할아버지를 돌아보며 말씀하
셨다.

"도장 어딨는 줄 알우?"

할아버지는 아주 조그마하셨다.

"나는 모르지."

너무 편안하게, 본인과는 절대 상관없다는 얼굴로, 세상 다시없을
평온함으로 대답하셨다. 그런데 할머니께서도 세상 다시없을 온화

한 얼굴로 행원을 향해 돌아서며 "할아버지는 모르지." 잠시 망연하던 직원이 다시 할머니께 이야기를 시작했다.

슬그머니 옆에 가 서서 가방을 뒤지는 척하며 다 들었다. 다행히도 돈을 찾으신다고 주민등록증은 챙겨 오신 모양이었다.

"도장이 있어야 인출할 수 있지만, 분실로 처리를 했으니 이제부턴 도장이 없어도 돈을 찾을 수 있게 해 드릴게요. 할머니가 잘 쓰실 수 있는 글자를 여기다 한번 써 보세요. 이름을 쓰시면 더 좋아요."

연습 종이에 몇 번이나 써 보신 다음에야 마음에 드는 게 있었는지 행원과 다시 이야기를 시작하셨다. 할머니를 잘 아는 행원은 친절했다. 일을 모두 끝낸 할머니가 할아버지를 조심스럽게 부축하고 천천히 밖으로 나가셨다. 발걸음을 맞추며 함께 걷는 뒷모습을 지켜보다가, 이제는 아무것도 모르신다는 할아버지의 조그만 등과 그 위에 얹힌 여리고 기운 없어 보이는 할머니의 손을 바라보았다. 황혼이다.

간단한 식사를 하러 식당가를 찾았다. 식사 시간이 되면 사람들이 많아 정신이 없지만, 먹을 음식을 정하면 자동주문을 해야 한다. 처음에는 곁에 도움을 주는 직원이 있었으나, 이제는 모두들 익숙해진 탓에 도우미 없는 곳이 많다. 먹고 사는 일이다 보니 얼른 방법을 숙지하게 된 우리는 주문을 하고 기다리면 된다. 기다리는 시간은 나의 독무대다. 다 알고 있는 아이들의 자랑을 깨알같이 늘어놓는 이유를 들여다보면 결국은 마누라에게 잘하라는 이야기다. 내가 그

리 건강한 남매를 낳아줘서 당신의
노후가 행복한 거라는 암시다.

내 친구 중에 그 가시내 말이야. 잘
대해줬더니 건방지게 나한테 기어오
르더라. 말 같지 않은 저렴한 이야기
를 열심히 지줄대고 있는데 느낌이
싸하다. 잘 듣지 않는 것 같아, '여기
건방진 분 또 계시네' 남편을 흘겨보
며 그이가 집중하고 있는 듯한 곳으
로 시선을 따라갔다. 거기에는, 듣지
도 보지도 못한 희한한 검은 기계 앞
에 선 노부부가 어쩔 줄 모르며 허둥
대고 있었다. 음식 주문을 하고 식대
를 계산하려다가 자동주문해야 한다
는 안내를 받고 키오스크 앞에서 망
연자실하고 계신 거다. 그렇다고 낯
선 이들에게 묻기도 어렵다. 젊은이
들이 싫어할 수도 있으니까. 그리고
남들이 쉽게 하는 그것을 나만 모른
다는 것에 대해 조그맣게 자괴감도
드셨을 것 같다.

이제 나의 관심사가 그쪽으로 옮겨가, 점원을 미워하고, 그 주변에서 기다리는 젊은이들에게 화살을 돌려, 저 아이들은 어째 저리 못났느냐고 중얼거렸다. 하지만 내가 그 어른들의 불편을 보면서도 선뜻 일어서지 못하는 이유와 그들의 생각이 같을지도 모른다. 당황하실까 봐 곁에 가 설 수가 없는 것이다. 남편은 두세 번을 일어났다 다시 앉기를 반복하며 눈치를 보았는데, 아마 연배가 비슷하거나 조금 더 드신 듯해 나서기가 불편했던 모양이다. 드디어 한 청년이 할아버지 곁으로 다가가 섰다. 이제 되었네. 그래도 그 부부가 여전히 함께라서 다행이다.

세상은 매일 변해가고 그 변화만큼 많은 것들을 쉬이 따라가지 못하는 우리는 서글프다. 익숙했던 모든 것들이 빠르게 변하고 다시 익숙해지기까지의 시간이 부족해 늘 당황하는 것이다. 그래서일까. 늙어가는 일이 주변에 죄를 짓는 것 같아 부끄럽다. 아무도 그것을 죄라 이름하지 않으며 누구도 관심을 갖지 않는 일이건만, 문득 황혼이 두려워질 때가 있다.

그래도 아직은 괜찮다. 혼자서 잠에서 깨어나고, 혼자서 빵을 굽고 커피를 내려 마시고, 혼자서 영화를 보러 가지 않아도 되니. 우리는 천천히 늙어갈 것이다. 백발이 성성해진 어느 날, 양지쪽에 기대앉아 호물거리며 별 중요하지도 않은 이야기들을 중요한 듯 나눌 때까지 함께 했으면 좋겠다.

지나온 길들을
복습하다

　오늘은 서울에 살다가 다시 그리움이 될, 떠올리다가 마음이 순하게 될 몇 곳을 둘러보기로 했다. 어느 곳에서는 한동안을 그저 가만히 서 있었고, 또 어디선가는 혼자서 울었고, 또 다른 어느 곳에서는 하염없이 앉아 있었다. 몇 번이나 목포에서 배를 타고 오갔던 길을 언제나 처음처럼 바라보고, 똑같은 것뿐인 섬을 오늘 처음 본 것처럼 매번 놀라워했다.

　멀리서 다가오는 비의 냄새나 서늘한 바람 속에 묻은 숲의 향기, 뜨거운 햇볕 아래 녹아 버릴 것 같았던 도로며 짙은 청보랏빛의 노을이 서편으로 스러지던 신비를 열 번도 더 보았다. 하지만 나는 똑같은 그것들을 다시 보기 위해 이 섬으로 돌아오게 될 것이다.

　태흥3리 바닷가에 도착했다. 제주 어디서나 볼 수 있는 푸름 속에

서 건져 올리는 보석들. 제주가 몰래 감춰놓고 자기들끼리만 꺼내 보는 신비스런 것들이 있다. 깊은 바다 속에 잠겨있는 에메랄드와 토파즈와 옥색 비취이다.

나도 테왁을 끌어안고 물갈퀴를 하고 휘파람 같은 숨비소리로 참 았던 깊은숨을 내뱉으며, 바다 밑으로 들어가 에메랄드를 손톱만 한 거라도 건져오고 싶다. 만일 들키지 않으면 아무도 모르는 밤에 또 들어가 그때는 토파즈를 내 머리통만 한 걸로 들고 나와야지. 이 런! 오래된 묵은 감정들을 주체못해 혼자 울기도 했다는 사람이 금 세 물욕을 참지 못하고 본연으로 돌아오다니, 나는 정말 싼 티가 팍 팍 나는 사람이다.

두 달간의 시간을 천천히 정리해 보자고 떠난 길이라, 놓치고 지나 간 것들을 다시 찾아볼 수 있는 기회가 될 것 같다. 당연히 아주 오랫 동안 제주의, 협재의 물색은 떠올릴 수 있을 테고…. 태흥리 바닷가의 노랑책방과 노랑카페 앞을 천천히 지난다. 지나다가 갑작스레 만난 환한 색깔에 잠시 놀라기도 했었는데, 여기도 다시 와보고 싶었다.

멀리 오픈 카페에 바다를 향해 앉은 두 청년의 함박 같은 웃음과 들리지 않는 대화가 궁금하다. 지금 저들이 가진 시간은, 주어진 일을 열심히 하고 난 뒤, 스스로를 칭찬하기 위한 보상의 성격은 아닐까. 저렇게 환하고 빛나는 웃음이라니. 그들이 행복해 보여 참 좋았다.

초록 잎들 사이로 수국이 온 거리에 피어났고, 그보다 아름다운 아이들이 학교에서 재잘대며 수국보다 더 환한 얼굴로 쏟아져 나왔다.

천천히 좁은 도로를 지나는데, 바다 올레길에서 젊은 처자 셋이 걸어온다. 어깨에 짊어진 배낭의 무게를 감내하는 그녀들의 뜻이 무어든 대견하기도 멋지기도 해, 인사를 건넸다. 그들이 마스크 속에서 힘차게 대답하며 손을 흔들었다.

옆으로 다리 근육이 울퉁불퉁한 자전거 맨들이 맞바람을 경쾌하게 가르며 줄지어 지나갔다. 이 타는 듯한 볕에도 고행을 불사하는 저들은 누구인가. 젊은이들은 시원한 바닷가의 카페나 음악 소리가 쩌렁쩌렁한 펍이 더 어울리지 않는가. 저들은 제 삶의 무게만큼 큰 배낭을 지고 해 질 녘까지 걷는다. 또는 자전거 위에 엎드려 노을이

질 때까지 바람을 안고 달려갔다.

불볕더위 아래서도 오로지 자신이 세운 뜻을 성취하기 위해, 혼자서만 감내해야 할 슬픔으로부터 자신을 북돋우려는 간절함으로, 혹은 무언가를 피해서 걷고 달리는 그들은 아름답고 용감했다.

그런 젊은이들을 만나며 정답던 마을을 천천히 돌아본다.

남원, 세화, 표선. 조용하고 편안한 돌담 안의 낮은 집들. 볕에 타버려 색을 잃은 장미 넝쿨. 깨끗한 도로와 건물들과 수목의 청정함. 비가 내리면 서서히 젖어 들어 검은색으로 짙어지는 밭담들.

지난번엔 표선과 남원 사이 긴 바닷길을 다 못 걷고 돌아섰는데, 오늘은 자동차로 나머지 길을 돌아보았다. 그것 참 고약한 것이, 세 시간 동안 땀을 뻘뻘 흘리며 걸었던 길을 자동차로는 불과 20여 분이면 돌아볼 수 있다. 참으로 쓸데없는 짓을 한 것 같아 허무한 생각도 들지만, 걸어야만 보이는 것들이 있으니 그 기쁨들을 어찌 놓칠 수 있겠는가. 이쪽으로는 하도 많이 다녀, 차를 타거나 걷거나 모두 익숙하지만, 다음에 와서는 이 바닷길을 꼭 걸어서 다 돌아볼 것이다.

민속해안로의 표선해수욕장 앞, 바람의 집에선 시원한 차 한 잔을 마셨다. 언제나 바다 기슭에 있는 카페들의 만만찮은 커피 값을 생각하며 들어서기를 망설이는 건 비단 나뿐일까? 그럴 때마다 남편이 건방지게 말했다.

"아주 좋은 풍경을 그 가격으로 샀다고 생각하게."

흠! 누가 그런 생각도 못 하는 줄 아나. 그러면 옛날에 돈을 좀 많이 벌어다 줄 일이지. 절약이 몸에 밴 나를 어쩌라고. 뒤통수를 흘겨보며 멋진 풍경이 다 보이는 창가 자리로 냅다 달렸다.

조용히 흘러간 시간들이 쓸쓸하기도 서운하기도 하다. 벌써 두 달을 다 보냈다니. 카페 옆 창에서 내려다보이는 곳에는 드넓은 초지가 있고 풀은 바람에 미친 듯 휘날리는데, 건강한 근육의 검은 말들이 늠름히 선 채 바람쯤은 아무것도 아니라는 듯 한가롭게 풀을 뜯고 있다. 바다 먼 쪽으로 해가 설핏하니 하늘이 노을을 준비하려나 보다. 다 볼 수는 없었지만, 아름다운 길을 둘러볼 수 있어 참 좋았다.

집으로 돌아가는 길에 비바리 해산물이라는 노포를 보았다. 그런 곳은 그냥 지나치지 못하는 남편이 맥주 한잔하세나, 하며 들어선 그곳에 이제는 물질을 그만둔 엄마와 딸이, 해산물과 요기가 될 만한 안주를 팔고 있었다. 자연산 돌미역, 전복과 해삼, 그리고 멍게를 시켜 놓고 허락도 없이 냉장고에서 맥주를 꺼내왔다.

오늘도 뜨거운 태양과 싸워온 서로가 기특해 건배를 한다. 그는 "크하" 하며 물을 마시고, 나는 맥주를 벌컥대며 마시고 또 "크하!" 행복하다.

술꾼을 앞에 두고 혼자 마시는 술맛이라니. 원수를 갚듯이 남편의 흔들리는 동공을 향해 씩 웃으며, 코앞에 바다를 펼쳐놓으니 술맛은 또 왜 이리 좋은고. 술이 없으니 안주도 필요 없는 남편 덕에 안주와 초장은 모두 다 나의 몫이다. 해가 져 더는 돌아볼 수 없었으나, 혼자 거나해진 마음이 오늘도 '맑음'이다.

버리고 가는 길

선착장으로 출발했다. 시간적으로 꽤나 족했던 여행이었다. 5.16 도로 아래 엎드린 조그맣고 큰 섬들이 반갑다. 떠돌이 생활을 무사히 끝낸 남편의 얼굴이 부드럽다. 나도 슬슬 익숙한 내 집 살림들이 그립고 내 베개도 그리워져, 집으로 가는 일이 기쁘기도 했다. 한편으론 이제야 간신히 익숙해진 것들을 두고 떠나려니 아쉽기도 하다.

제주는 어디서고 집을 나서면 볼 수 있다. 깊고 깊은 숲들이 도로 아랫녘으로부터 차츰 키를 키워, 누구도 들어설 수 없는 우거진 계곡을 만든다. 우리는 한라산 둘레를 천천히 돌아 배들이 드문드문 떠 있는 부두에 도착할 것이다.

가끔 우리의 다리가 되어준 281번 버스가 세상 바쁠 것 있느냐는 듯, 천천히 고개를 돌아갔다. 운전기사는 느긋하게 제주를 모두 돌며 관광객들이 원하는 곳에서 그들을 싣고 내렸다. 도로 양쪽의 무성한 나무들이 서로 끝가지가 만나도록 높다랗게 자라, 하늘이 보이지 않게 어둡다. 바로 그 초록에 눈멀고 귀가 멀었던 나는 그들의 말로 육지 것이다. 그들은 육지 것들에게 호감을 주지 않지만, 나는 모든 섬 것들을 어지간히 좋아한다.

한동안 숲 터널이 이어지는 길을 돌아가며 이것저것을 떠올리다 보니, 서울로 향하는 마음이 가볍지만은 않다. 어떻게든 한라의 끝자락에라도 닿아볼까, 욕심을 부렸다. 여러 차례 성판악, 영실, 돈내코 근처를 어슬렁거리다가, 엄두가 나지 않아 서운한 마음을 접고 돌아왔다. 하필이면 눈 덮인 영실에서 오르다가 힘에 부쳐 포기를 했고, 예약했던 당일 아침엔 폭우 때문에 갈 수 없었다. 올라가려는 마음을 다잡고 있을 때 서울에서 손님들이 내려온다는 전언을 해와, 속으로 쾌재를 부른 적도 있었다. 제일 큰 이유는 내가 정말 잘다녀올 수 있을까 하는 의문이 믿음을 깨뜨렸던 때문이었다. 확신

이 없는 두려움에게 덜미를 잡힌 탓이었으며 게으름 탓이었다.

이 산은 다른 이들에게도 쉬운 길은 아니겠지만, 마음만 먹으면 잘도 오르는 길인데 내겐 왜 이리 어려운가. 가려고 작정을 하고 나면 미리 걷는 연습을 부지런히 한다든가, 체력 안배를 하고 장시간 등산할 수 있는 몸 상태를 만들어야 한다. 이야길 하다 보니 무슨 만년설이 뒤덮인 히말라야라도 오를 기세다마는 그에 못지않은, 바로 우리의 자랑스러운 한라산이다.

당일에는 새벽부터 준비를 단단히 하고 시작을 해야 한다. 중도에 포기하고 내려오는 일은 정말 시도하지 않음만 못 하니까. 그런 준비의 시간도 가지지 못한 채, 오를 수 있는 여러 차례의 기회를 다 잃어버리고 돌아섰다. 모든 것이 내 탓인지라 할 말이 없지만, 그것이 제일 서운했다.

젊은 친구들이 보면 "아니, 뭘 그리 어렵게? 도를 넘게 호들갑스럽네"라고 할 수도 있겠지만, 그들을 향해서 이렇게 말한다. "너희들 늙어 봤나?"

남편은 젊었을 때 한라산에 오를 기회를 몇 번인가 가진 적이 있어, 꼭 오를 이유도 없을 듯했지만, 내 편에서 이해하자면, 여러 시간의 고행을 통해 얻어낼 만족과 앞으로 다시는 얻기 어려울 성취감을 갖게 해주고 싶었던 것 같다. 아내가 어느 오름엘 올라가더라도 정상에 서면 제주가 정말 아름답다며 호들갑을 떨어대니, 한라산 정상에서 볼 수 있는 멋진 장관을 꼭 보여주고 싶었던 듯했다.

　제주를 떠날 때마다 현실 모면책으로 "다음에는"이라며 핑계를 대는 나를 보며, 한 해가 다르게 변하고 있는 아내의 건강이 미덥지 않아 서두르는 것이다. 그렇다고 몹쓸 병에 걸린 건 아니나, 이번의 제주에서는 여러 차례 병원을 들락거려 더욱 그랬다.

　성판악 코스가 그중에서 그래도 제일 수월하다는 제주 토박이 아저씨의 도움말도 잘 새기고 있었는데···. 그 많은 길을 두고도 끝내 닿을 수 없었던, 어디에 서 있던 손에 잡힐 듯 가까워 보이던 한라가, 그저 평생을 이루지 못해 그립고 안타까운 꿈이 되어버릴까 봐 두려웠다.

　한라로부터 고개를 돌리니 이제 한동안 볼 수 없을 푸른 목장이 가깝다. 말은 크고 멋진 근육이 아까울 만큼 짧은, 30년이라는 수명을 가졌다. 아무런 생각 없이 싱싱한 풀을 뜯으며, 가끔 물것들이 달려들면 긴 꼬리로 턱턱 제 엉덩이를 때리기만 하면 되는 말들을 바라보며 부럽다 부러워, 외치는 사이에 산속 도로를 벗어났다.

넓은 도로와 익숙한 콘크리트와 번쩍이는 유리, 내려오니 도심의 냄새가 났다. 잘 손질한 가로수와 보기 좋게 다듬어진 낮은 수목들. 이곳은 제주시다. 잠시 후엔 항구에 도착할 것이다.

11시경 부두에 도착. 12시 40분에 승선을 시작해 1시 40분에 출발이다. 배에는 안락한 소파와 탁자를 편안한 동선으로 비치해 호텔의 로비 같다. 바다를 향해 앉을 수 있도록 의자를 놓고, 사람들의 취향을 고려한 여러 가지 편의시설도 있었다. 나는 방보다 밖에 앉아 바다를 보는 시간이 좋다. 거기서도 좋은 자리는 부지런한 사람들의 몫이었다. 몇 번을 타다 보니 이만저만한 요령이 생겨 앞쪽에 줄을 서 있다가 남편을 뒤에 두고 빛의 속도로 달렸다. 카페같이 편안한 소파와 탁자가 있고 바다가 펼쳐진 통유리 창 앞에 남편을 앉히고 나니, 나의 사명을 다한 것 같아 그토록 오래 꿈꿔왔던 양처가 되었다.

출항한 지 네 시간이면 목포에 닿는다. 수많은 배들이 정박해 있는 평화로운 바다 기슭. 조그맣고 큰 건물들이 멀리 보이는 멋진 섬을 이제 떠날 것이다. 하얗게 부서지는 파도는 나를 잡지 않았다. 망망대해 깊이를 알 수 없어 두렵고 그래서 더욱 아름다웠던 제주는 나를 탐내지 않았다.

남편의 허벅지 같은 살을 모두 베어 먹고도, 거의 알몸이 되어 떠난다는데 서운하다는 인사 한마디도 없었다. 잔 물살에 그저 가거라 가거라, 하며 실어 보낼 뿐이다.

제주의 수목에, 그 꽃가루에 굵게 부풀어 감각 없이 두터워진 살. 피부약 몇 알에 졸린 눈을 부릅떠, 다가오는 물결을 자꾸만 밀어내도, 우리는 섬을 뒤로 한 채 그저 밀려 나갔다. 수덕이, 만덕이, 까마귀 섬, 밖쇠머리, 큰 미역섬, 바깥섬. 출항한 시간의 반이 지났어도 제주 근교의 섬들이 가까이 보이는데, 그들은 가만히 떠 있거나 우리를 모르는 척하고 엎드려 있었다. 모래 채취하는 배가 무거운 몸을 이끌고 지나가는 이 바다는 아직 제주다.

거기에 버리고 오는 것들이 너무 많았다. 다만 데리고 오는 한 가지가 있었다. 제주에서 출발할 때부터 큰 파리 한 마리가 내 앞의 유리창에 붙어 왱왱거리며 날아다니고 있으니, 여간 거슬리는 게 아니다.

한낮의 더위에 땀을 찔찔 흘리고 있다가 더위에 지쳐 졸음이 쏟아질 것 같은 날갯짓, 간헐적인 소리에 중독이 되어 퍽! 때리는 일도 잊었다. 여기 제주를 다 버리고 가는 애를 또 하나 만났다.

그리고 다시 서울

돌아왔다, 드디어 내 집일세!

어디, 이제 다리도 쭈욱 펴고 잠시 잊었던 익숙한 편안함을 즐기면 된다.

그런데, 어허! 저런 못된 인사를 보았나. 집에 온 지 나흘이 지났건만, 아무것도 손대지 않는다. 여행 끝 바리바리 풀어놓은 짐 정리는 물론이고, 설거짓거리를 보고도 쓰윽 물러나 앉더니 음식물 쓰레기며 화장실 청소까지 나 몰라라 들어앉았다.

두 달이나 굶주린 아이가 먹고 싶었다는 김치찌개, 거기에 들어갈 돼지고기까지 젖은 장갑을 벗고 내가 사러 뛰어갔다. 물론 여행 뒷정리에 전력투구 중인 아내를 위해 소머리국밥과 땅콩이 들어있는 호떡을 두 개 사주기는 했다.

음식물 쓰레기를 버리고 올라와서 살금살금 다가가 들여다보니 침대에 길게 누워 버둥거리며, 미소를 짓다가 음악을 듣다가, 아주 제주와는 다른 멋진 세상에 푹 빠져 헤매고 있는 모양새다. 손에 물기 마를 새 없다며 주부습진이라고 앙탈을 부리더니, 돌아온 내내 본분을 잊은 게으름에다 책임회피까지….

그래도 제주에서 단 한 번의 반항을 빼곤 몇 달 동안 하라는 대로 뭐든 따라 주었으니 조금은 편안히 쉬게 해주자. 미안한 마음도 있으니 좀 더 두고 보지 뭐. 정신이 들면 자신의 위치를 확인하고 빨래 널기, 개기, 청소하기 등 다시 살림을 시작할 것이다.

몇 달간 비워두었던 집은 깨끗했지만, 오히려 해야 할 일은 산더미처럼 쌓여 있었다. 그 사이에 계절이 바뀌어 침구를 갈아야 했고, 햇김치도 담가야 했으며, 더 늦기 전에 꼬들꼬들한 오이지도 해 넣고 싶었다.

좀 도와준다면 일이 반쯤은 줄어들련마는….

하루에도 몇 번씩 왜가리처럼 소리를 지르고 싶었으나 그러지 않았다. 하지만 벌써 엿새째다.

이게 도대체 무슨 상황인가. 불량주부가 되어버린 백발의 남편. 감히 내게 겁도 없이 반항을 한다는 거지? 더 이상은 참아줄 수 없다. 그의 방문 앞에 가서 시늉뿐인 허리에 손을 올리고 있는 힘껏 소리를 질렀다.

"아, 왜 그러냐고~~?"

화들짝 놀란 남편이 자리에서 벌떡 일어섰다.

집으로 돌아오는 길

강연호(시인, 원광대 교수)

사람들은 왜 집을 떠나고 싶어 할까. 집 떠나면 고생이라고, 예로부터 전해오는 지혜의 말씀 그대로, 집을 떠나면 이런저런 어려움을 겪게 마련이다. 그것도 며칠간의 짧은 여행길 정도가 아니라 한 달이나 반년, 또는 그 이상의 타지 생활을 하다 보면 문득 집의 편안함이 사무치지 않을 수 없다. 그럼에도 우리는 늘 집을 떠나고 싶은 열망에 사로잡히곤 한다. 우선 그 이유를 되풀이되는 일상의 권태로부터 벗어나고 싶다는 데서 찾을 수 있겠다. 아니다. 이것만으로는 다 설명이 되지 않는다. 사람들은 왜 집을 떠나고 싶어 할까.

어쨌든 이럴 때 제주도는 한 번쯤 집을 떠나 살아보고 싶은 공간으로 다가온다. 하나 마나 한 얘기지만 제주도는 아주 낯설고 물설어 여러 어려움을 겪어야 하는 곳이 아니다. 큰 결심을 하고 주변에 작별인사도 한 뒤 떠나야 할 만큼 멀리 떨어진 곳도 아니다. 외국처럼 여권이나 비자, 혹은 체류 허가 등의 서류를 요구하는 번거로움도 당연히 없다. 제주도에 한 번도 안 가본 사람이 주변에 과연 몇이나 있을까. 그럼에도 일단 당신이 제주도로 떠나고자 하는 충동을 느끼게 되었다면 결국 그곳에 또 가야 한다. 왜냐하면 우리는 술집에 카페에 월급봉투에 얽매인 채 지냈기 때문이다. 물론 「제주도의 푸른 밤」이라는 노래를 흥얼거리면서 말이다.

이 책은 평생의 직장에서 정년퇴직을 한 남편과 함께 그야말로 '어쩌다 제주살이'를 하게 된 저자의 체험을 오롯이 담아내고 있다. 이렇게만 보면 또 그 흔한 제주도 얘기구나 하고 안 읽어도 대충 알겠다는 듯 미리 당겨 가늠할 수도 있겠다. 제주도의 명소와 맛집, 그리고 사람들의 입에 오르내리는 풍광을 소개하는 책이겠거니 하고 시큰둥해질 수도 있겠다. 하지만 그런 얘기나 정보들은 이미 주변에 차고 넘친다. 우선 인터넷이 거의 해결해 줄 것이고, 그조차 부족하면 요즘에는 인공지능이 순식간에 원하는 콘텐츠를 얻게 해줄 것이다.

이미 제주도나 동남아 한 달 살기 같은 프로그램이 사람들에게 널리 호응을 얻고 있는 것처럼, 이 책은 그렇게 시작된 은퇴부부의 제주살이를 담백하게 보여주고 있다. 저자는 남편과 함께 제주도의 이곳저곳을 돌아다니며, 먹고 자고 보는 일들로 소일하는 모습을 그려낸다. 사실 먹고 자고 보는 일만으로도 이미 우리는 충분히 행복해질 수 있다. 기를 쓰며 돈을 벌고 경쟁에서 이기고 셈을 아끼고 할 필요가 없는 삶을 한 번쯤은 누려도 좋지 않겠는가. 더구나 이제 정년을 맞아 치열한 생의 현장에서 비켜선 노부부라면 이런 소박한 호사쯤은 그대로 아름답지 않겠는가.

이 책에 수록된 에세이들은 사방이 바다로 둘러싸인 제주도 섬에서의 체험을 담고 있지만, 예상과 달리 숲에서의 시간에 대해 상당히 많은 공을 들여 서술하고 있다. 왜 숲일까. 물론 사람들은 바다에 가면 물을 즐기고 산에 가면 숲을 즐긴다. 그런데 그 즐김의 차원이 좀 다르다. 바다에서는 서로 왁자지껄 어울리지만, 산을 오르다 보면, 혹은 숲을 거닐다 보면 어느새 혼자 걷고 있는 나를 발견하게 된다. 그럴 때 과연 '숲은 이것저것 지난 시간을 되돌아보게도 하고 지금의 내 자리를 점검해 보는 시간도 갖게 한다.'

미리 제시하고 있듯이 이 책에서 저자가 좋아하는 여행은, 멋진 곳을 찾아다니는 게 아니라 '여행하는 과정 중에 아무것도 아닌 것들을 만나는 일'이란다. 그런데 놀랍게도 아무것도 아닌 것들을 담담히 소개하는 이 책의 어느 곳을 펼쳐도 아름다운 제주가 눈앞에 있고, 어느 줄을 읽어도 오름의 신록이 반짝거리고, 어느 구절을 떠올려도 파도의 흰 물살이 넘실거린다. 거기다가 부부의 티격태격조차 삶의 연륜과 잘 버무려져 저절로 고개를 끄덕이게 한다. 그래서 이 책을 읽다 보면 문득 남은 페이지가 너무 줄어 일부러 아껴 읽게 될 수도 있다. 물론 소소한 즐거움에 동참하여 한달음에 읽어낼 수도 있다. 그런들 대수랴. 이 책은 다시 읽어도 맛이 새롭다.

자, 그럼 이 아름다운 제주살이의 책을 덮고 나서, 이제 어떻게 하란 말인가. 열흘도 좋고 한 달도 좋다. 당신도 훌훌 털고 지금 당장 집을 떠날 일이다. 사람들은 왜 집을 떠나고 싶어 할까. 이제 대답은 자명해진다. 왜냐하면 다시 집으로 돌아오기 위해서, 라고 되뇌게 될 것이다.